OS MILAGRES DE JESUS

Michael Symmons Roberts

OS MILAGRES DE JESUS

folio

Título original: *Miracles of Jesus*

Rambla de Catalunya, 135
08008 – Barcelona

Edição Brasil
Direção: José Luis Sánchez, Meritxell Almarza
Tradução: Angela Zarate, Francisco Manhães, Maria Júlia Braga
Revisão: Maria da Glória Carvalho, Michel Teixeira, Virgílio Duarte
Diagramação: FA Editoração

ISBN: 978-84-413-2491-6

Printed in Spain

A edição original desta obra é o resultado do acordo entre Lion Hudson e BBC. Este livro foi baseado na série *Miracles of Jesus*, da BBC ONE.

Índice

Prefácio

Os quadros sobre a ressurreição pintados por Stanley Spencer encontram-se entre as pinturas mais célebres de da Grã-Bretanha no do século XX. Constituem vívidas evocações de mortos levantando-se de suasdas tumbas, espreguiçando-se e piscando diante da luz. Mas, para alguns, são demasiado paroquiais. O meio não é somente é inglês; corresponde especificamente a uma parte concreta do sSul da Inglaterra: Cookham, o vilarejo em que o pintor nasceu o pintor.

Ao transferir a ressurreição para seu o próprio meio, Spencer estava seguindo uma longa tradição da arte religiosa: a de representar a anunciação, crucificação ou ressurreição num vale italiano ou num monte espanhol específicos. Uma tradição que tem suas raizes num fato inevitável. Apesar de serem muitos os que consideram que as histórias de milagres da Bíblia têm um significado integral, até mesmo cósmico, na verdade eram histórias locais. Cada uma dessas histórias está demarcada em lugar e tempo específicos.

Este livro é baseado numa série de filmes produzidos pelo Departamento de Religião e Ética da BBC. E, assim como esses os filmes, apóia-se em descobertas teológicas e arqueológicas recentes. Propõe-se a transformar as histórias dos milagres em algo familiar, reconectando-as ao seu verdadeiro contexto local e tentando considerá-las a partir do ponto de vista dos judeus do século I.

Queremos agradecer aos produtores da BBC, Jean Claude Bragard, Anna Cox e David Waters; ao assessor em Teologia, Dr. Mark Goodacre; e a Morag Reeve e Catherine Giddings, coordenadores editoriais.

CAPÍTULO 1

O novo Elías?

"Milagre" é um termo que em nossos dias é usado corretamente. Com ele são designados os êxitos artísticos, os avanços médicos ou coincidências estranhas. É tão comum encontrá-lo nas páginas esportivas de um jornal, quanto em um texto religioso. Mas nem sempre foi assim.

"Antes que as esferas criassem o tempo, tu / estavas na mente, de quem é teu filho, e irmão, / a quem concebestes, concebida; sim, tu és agora / a criadora do criador, e a mãe de teu pai, / tens luz na escuridão; e encerras em espaço reduzido, / a imensidão enclaustrada em tua rica matriz."

John Donne, o grande poeta inglês, escreveu estes versos no princípio do século XVII, se referindo a Maria, mãe de Jesus, mas hoje estes continuam reverberando com o assombro de que o criador de toda vida vem ao mundo como um de nós, se formando no ventre de uma mulher jovem, pobre e refugiada no Oriente Próximo.

Para Donne, como para muitos poetas, artistas e fiéis ao longo dos séculos, o nascimento é o primeiro em uma série de milagres surpreendentes que sustentam e definem a fé cristã. Mas apesar deste rosário de acontecimentos – desde a virgindade da mãe antes que nascesse, passando pela cura dos doentes, o devolver a vida aos mortos e até a própria ressurreição de Jesus inspirou em muitos uma exaltação poética, a multidão de outros lhes deixaram indiferentes.

Davi Hume, o filósofo do século XVIII que achava prodigioso alguém levar a sério os milagres de Jesus.

O filósofo escocês do século XVIII Davi Hume considerava que o verdadeiro milagre consistia em que alguém fosse o suficientemente irracional para acreditar nessas histórias ridículas. Esse "milagre" faz com que uma pessoa, de aparência inteligente, "suspenda todos os princípios da razão para acreditar naquilo que atenta contra a experiência e o bom senso". Para o racionalista Hume não só não há uma justificativa mínima que sustente os milagres bíblicos, mas também não há modo de estabelecê-la.

"Ainda que o ser a quem seja atribuído o milagre seja, neste caso, o Todo-poderoso, isso não o torna minimamente mais plausível. Portanto nos é impossível conhecer os atributos ou ações desse tal ser, a não ser pela experiência que temos de suas criações, dentro do proceder normal da natureza."

As linhas de fronte foram delimitadas há séculos, com os próximos a Donne e os companheiros na fé por um lado, e Hume e os céticos no lado oposto. Para muita gente trata-se simplesmente de um assunto de crença. Se acreditar que houve um Deus que criou e manteve o universo, então, com toda certeza, esse Deus é capaz de devolver a vida a um morto ou a saúde a uma mulher doente. Se não se acredita em Deus, ou se a própria palavra "Deus" parece arcaica e carente de sentido, o que poderia ser mais inverossímil que essa série de histórias exageradas sobre truques com água e vinho, ou vida e morte?

Na atualidade existe um amplo consenso de que a única verificação que vale a pena ser feita sobre os milagres de Jesus consiste em se perguntar se realmente aconteceram. Lázaro estava realmente morto, ou simplesmente em coma ou em estado catatônico?

John Donne, poeta e clérigo do século XVII. Para Donne, os milagres de Jesus definiam sua fé.

"A Anunciação", dos Sonetos sagrados de John Donne

A salvação para todos os que desejam estar próximo,
Esse todo, que sempre está em todas as partes,
Que não pode pecar, e que, no entanto, deve carregar todos os *pecados*,
Que não pode morrer, e, no entanto, não pode senão escolher morrer,
Contempla, fiel Virgem, como consente estar
Aprisionado, em seu ventre; e ainda ali
Não pode adquirir pecado, nem tu pecar, no entanto, revestirá a
Carne de tua carne, que a força da morte porá à prova.
Antes que as esferas criassem o tempo, tu
Estavas na mente, de quem é teu filho, e irmão,
A quem tu concebeste, concebida; sim, tu és agora
A criadora do criador, e a mãe de teu pai,
Tens luz na escuridão; e encerras em reduzido espaço,
A imensidão enclausurada em tua rica matriz.

Jesus se apresentou no momento propício, quando o doente estava se recuperando, para fingir que o havia ressuscitado? Realmente converteu um pequeno piquenique com pão e peixe em uma festa para cinco mil pessoas? Ou foi o fato de que dividisse sua comida o que inspirou os demais a fazer o mesmo?

Nos últimos dois séculos, muitos pesquisadores fizeram malabarismos mentais para tentar encontrar explicações "racionais" para os milagres de Jesus, mas o jurado continua com a mesma divisão de opiniões de sempre. O único que parece seguro é que tais milagres não foram simplesmente inventados pelos evangelistas. Já em seu tempo, os inimigos de Jesus o acusaram de realizar milagres, e os historiadores do século I o descreveram como um "fazedor de maravilhas". É evidente que algo aconteceu.

Para os cristãos, Jesus é o filho de Deus, razão pela qual pôde naturalmente curar os doentes com uma palavra ou uma imposição de mãos, do mesmo modo que, evidentemente, pôde andar sobre as águas ou dar de comer aos famintos. Para os não fiéis, Jesus é somente um predicador hábil e os milagres são unicamente falácias enganosas ou histórias embelezadas para inspirar os crédulos. Poderia parecer que o debate é literalmente interminável, porque nenhum dos dois lados pode aportar provas suficientes ou argumentos para convencer do contrário. Mas talvez o problema resida mais no método que na resposta.

Quando estudava filosofia e teologia na Universidade, assisti um debate sobre os milagres. O procedimento estava destinado a ser imperdoavelmente confrontável. De um lado do estrado se encontrava um materialista científico e notório flagelo de Deus. Do outro, um professor de filosofia que era cristão praticante. Foi pedido que cada um começasse definindo sua posição básica sobre os milagres, e o filósofo tomou primeiro a palavra. Diante da surpresa do público e de seu oponente, começou dizendo: "Milagres não acontecem". Depois de fazer uma pausa petulante, continuou. "Não acontecem do modo como pode acontecer uma coincidência. Os milagres são atos deliberados de Deus, com um propósito e significado específico".

Recentemente, o campo do debate sobre os milagres começou a se alterar. Apesar de começar a surgir um consenso de que Jesus foi conhecido em seu tempo como um curador, os pesquisadores se fazem agora uma pergunta diferente sobre os próprios milagres. Não "aconteceram de verdade?", mas "qual o significado deles?". E esta nova pergunta é impelida por outra ainda mais importante: Quem era esse Jesus? Sua influência sobre a história do mundo foi maior que a de qualquer outro ser humano, e suas idéias continuam guiando a vida de cerca de um terço da população mundial. A pergunta, portanto, afeta cristãos e não-cristãos da mesma forma.

Para tentar respondê-la, foram feitos durante décadas estudos teológicos e análise das palavras de Jesus, de acordo como ficou registrado nos evangelhos: o Sermão da montanha, as parábolas, os ensinamentos dos discípulos. Estudos que duraram até agora. Porque o novo enfoque não está no que Jesus disse, mas no que ele fez. Talvez seus atos possam nos dizer mais do que nos dizem suas palavras.

A chave para revelar a identidade de Jesus está em compreender o significado que se oculta nos atos. E parece impossível falar dos atos sem se concentrar nesses acontecimentos fantásticos denominados coletivamente como milagres. De forma que, após ter sido considerado durante anos questão de fé, muito além do alcance do exame da razão, o debate sobre os milagres está de novo em destaque.

A premissa deste novo enfoque acadêmico, e da história contada neste livro, é que os milagres de Jesus não foram respostas improvisadas paras as pessoas necessitadas. Podem ter sido inspirados pela compaixão, mas nem tudo acaba nisso. Nem só nisso. Novas pesquisas apontam que os milagres constituem uma linguagem especial, uma série de sinais que apontavam para a verdadeira identidade de Jesus. O Evangelho de João, alude de forma concreta a isso ao se referir regularmente aos milagres como “sinais”.

Sinais no Evangelho de João

Entre os quatro evangelistas, João é quem com maior freqüência e ênfase se refere aos milagres de Jesus como "sinais". Sobre o milagre em que a água é transformada em vinho, escreve: *Jesus começou a mostrar tais sinais em Canaã da Galiléia, e manifestou sua glória, e acreditaram nele e em seus discípulos.* E, de novo, quando Jesus ressuscitado aparece a seu discípulo Tomás, João escreve: *Jesus realizou na presença dos discípulos muitos outros sinais que não estão escritos neste livro. Estes foram escritos para que creiam que Jesus é o Cristo, o filho de Deus, e para que acreditando tenhais vida em seu nome.*

Enquanto nos evangelhos de Mateus, Marcos e Lucas, os milagres freqüentemente parecem significar a iminente chegada do reino de Deus, no de João são sinais de identidade de Jesus. Na essência, o que significam para João é que Jesus é o filho de Deus.

Ainda que esses sinais no Evangelho de João tenham sido escritos para inspirar fé, não havia um nexo garantido, até mesmo para os discípulos, entre presenciar um milagre de Jesus e conseguir uma fé poderosa nele e em seu ministério. Como escreve João no capítulo II: *Enquanto esteve em Jerusalém, na festa da Páscoa, muitos, vendo os sinais que fazia, creram em seu nome. Mas o próprio Jesus não confiava neles, porque conhecia a todos, e não necessitava de que alguém lhe desse testemunho do homem, pois bem sabia o que havia no homem.*

(João 2:23-25)

Para aqueles que viviam na Palestina no século I, esses sinais não tinham nada de enigmático. Imersos na história do seu próprio povo e abertos ao sobrenatural, os judeus que presenciaram os milagres tinham todo o conhecimento que lhes faltava para perceber seu significado naquele local e naquela época. Os contemporâneos de Jesus percebiam a ação divina em todas as partes; nos nascimentos e na morte, nas colheitas, na chuva, na mudança de estações. Para eles era natural interpretar esses eventos como efeitos da vontade de Deus sobre o mundo.

Reconstrução de Jesus ressuscitando o filho da viúva de Nain.

O que para as pessoas daquele tempo tornou especial os milagres de Jesus não foi que Deus tivesse agido sobre o mundo, mas aquilo que tivesse feito de maneira muito específica e significativa. Para nós, os ocidentais do século XXI, isso não parece tão fácil. Pode ser que os milagres, do nosso ponto de vista, pareçam mais um código que uma linguagem. Mas não são um código indecifrável.

Atendo-se aos detalhes dos relatos evangélicos e levando em conta a psicologia dos judeus daquele tempo, os pesquisadores foram capazes de decifrar essas histórias surpreendentes e jogar uma luz nova sobre quem Jesus acreditava ser.

Os milagres de Jesus estão todos anotados no novo Testamento, nos evangelhos de Mateus, Marcos, Lucas e João. Para nos aprofundar em seu significado, precisamos examinar os detalhes, tomando os relatos dos principais milagres um por um e tentando contemplá-los desde a perspectiva judaica do século I.

Vamos começar nossa pesquisa a 10 quilômetros a sudeste de Nazaré, em um povoado chamado Nein, onde se acredita ter sido o assentamento bíblico Nain. Essa pequena comunidade no sopé do Givat ha-Moreh, no vale de Jezreel, presenciou um dos milagres mais significativos e espetaculares de Jesus. Lucas o relata em seu evangelho com as seguintes palavras.

"Pouco depois seguiu ele viagem para uma cidade chamada Nain; e iam com ele seus discípulos e uma grande multidão. Quando chegou perto da porta da cidade, eis que levavam para fora um defunto, filho único de sua mãe, que era viúva; e com ela ia uma grande multidão da cidade. Logo que o Senhor a viu, encheu-se de compaixão por ela, e disse-lhe: 'Não chores'. Então, chegando-se, tocou no caixão. Aqueles que o levavam se levantaram, e ele disse: 'Moço, a ti te digo: Levanta-te'.

O que estivera morto sentou-se e começou a falar. Então Jesus o entregou a sua mãe.

O medo se apoderou de todos, e glorificavam a Deus, dizendo: 'Um grande profeta se levantou entre nós'; e: 'Deus visitou o seu povo'. E correu a notícia disto por toda a Judéia e por toda a região circunvizinha".

LUCAS 7:11-17

É uma história fascinante. Jesus interrompe um cortejo fúnebre para devolver a vida ao falecido. Não é difícil imaginar a cena: a mãe desolada chorando e se lamentando, consolada dos dois lados pelos amigos; a confusão e o barulho enquanto esse desconhecido, Jesus, se aproxima do caixão; a surpresa e a pura incredibilidade da comitiva ao ver como o jovem se senta sobre a maca e começa a falar; o próprio jovem pestanejando diante da luz.

Mas, como devemos interpretá-lo? Talvez Jesus realmente tenha trazido o jovem de novo para o reino dos vivos. Ou talvez o jovem não estivesse realmente morto; talvez estivesse meramente em coma. Nunca haverá uma resposta que satisfaça a todos. Para aqueles que o presenciaram não houve dúvida; Jesus havia devolvido a vida ao filho da viúva. Algo realmente surpreendente. Não é de se estranhar que "o temor tenha se apoderado de todos".

Mas o triunfo da vida sobre a morte não foi o que deixou as pessoas atônitas. Se o relato bíblico for examinado cuidadosamente, pode-se ver que esse milagre trouxe à lembrança daqueles que o presenciaram outro milagre acontecido mil anos antes: um milagre realizado por um dos personagens mais sagrados da história judaica, o profeta Elias. De fato, fez mais que lembrar. Deu-lhes uma simetria perfeita.

A história, relatada em *Reis*, diz que Elias estava hospedado na casa de uma viúva que vivia em uma pequena aldeia, quando o filho ficou doente. A mulher, apesar de pobre, havia sido uma anfitriã generosa com Elias, por isso este se preocupou ao ver como o filho dela ficava cada vez pior, até que deixou de respirar. A pobre mulher se afundou em desespero, destroçada pela dor.

Quem foi Elias?

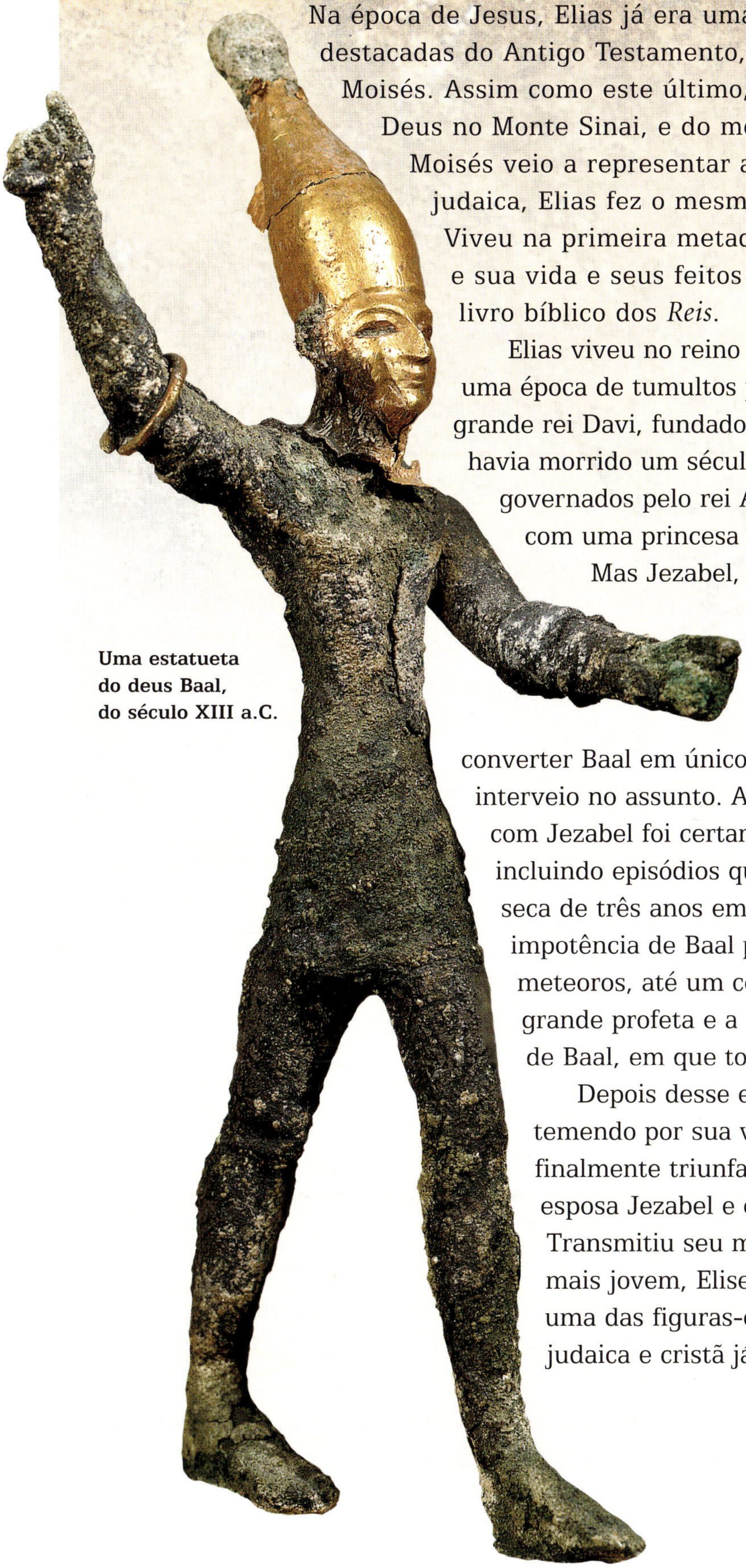

Uma estatueta do deus Baal, do século XIII a.C.

Na época de Jesus, Elias já era uma das figuras destacadas do Antigo Testamento, juntamente com Moisés. Assim como este último, se encontrou com Deus no Monte Sinai, e do mesmo modo que Moisés veio a representar a lei na tradição judaica, Elias fez o mesmo com os profetas. Viveu na primeira metade do século IX a.C., e sua vida e seus feitos são relatados no livro bíblico dos *Reis*.

Elias viveu no reino do norte de Israel, em uma época de tumultos políticos e religiosos. O grande rei Davi, fundador do reino dos judeus, havia morrido um século antes. Agora eram governados pelo rei Ahab, que se casou com uma princesa estrangeira, Jezabel. Mas Jezabel, já rainha, mandou trazer seus deuses a Israel, especialmente o deus pagão Baal. Quando tentou converter Baal em único deus de Israel, Elias interveio no assunto. A batalha que travou com Jezabel foi certamente espetacular, incluindo episódios que foram desde uma seca de três anos em que Elias viu a impotência de Baal para controlar os meteoros, até um confronto entre o grande profeta e a multidão de profetas de Baal, em que todos estes pereceram.

Depois desse episódio, Elias fugiu, temendo por sua vida, ainda que tenha finalmente triunfado sobre Ahab, sua esposa Jezabel e o deus de ambos, Baal. Transmitiu seu ministério a um profeta mais jovem, Eliseu, mas seu lugar como uma das figuras-chave na história judaica e cristã já estava assegurado.

"Então disse ela a Elias: 'Que tenho eu contigo, ó homem de Deus? Vieste tu a mim para trazeres à memória a minha iniqüidade, e matares meu filho?' Respondeu-lhe ele: 'Dá-me o teu filho'. E ele o tomou do seu regaço, e o levou para cima, ao quarto onde ele mesmo habitava, e o deitou em sua cama. E, clamando ao Senhor, disse: 'ó Senhor meu Deus, até sobre esta viúva, que me hospeda, trouxeste o mal, matando-lhe o filho?' Então se estendeu sobre o menino três vezes, e clamou ao Senhor, dizendo: 'Senhor meu Deus, faça com que a vida deste menino torne a entrar nele'.

O Senhor ouviu a voz de Elias, e a vida do menino tornou a entrar nele, e ele reviveu. E Elias tomou o menino, trouxe-o do quarto para a casa, e o entregou a sua mãe; e disse Elias: 'Vês aí, teu filho vive'. Então a mulher disse a Elias: 'Agora sei que tu és homem de Deus, e que a palavra do Senhor na tua boca é verdade'."

REIS I 17:18-24

O que era um profeta?

Agora, a palavra "profeta" costuma ser utilizada normalmente para designar alguém que prediz o futuro, mas este sentido não corresponde à função que um profeta exercia nos tempos do Antigo Testamento. Fundamentalmente, se tratava de intermediários ou mensageiros entre Deus e seu povo. As mensagens que transmitiam eram geralmente atrabiliárias e muito críticas em relação à idolatria, à vida pecaminosa e à injustiça. Isso tornava a vida dos profetas extremamente perigosa.

Eram pessoas anti-sociais, geralmente homens, que viviam ao mesmo tempo no centro e à margem da coletividade. Enunciavam o indizível. Ainda que falassem do futuro, acima de tudo para prevenir o povo das conseqüências de suas ações, sua função, mais que profetizar, consistia em dizer algumas verdades. Diziam diretamente aos reis o que tinham de fazer para reparar sua relação enfraquecida com Deus: deixar de adorar outros deuses, deixar de maltratar e explorar os pobres.

Na Bíblia não há um único livro que nos relate todos os atos dos profetas. Grande parte do Antigo Testamento é dedicada a essas figuras de enorme significado. Os atos dos primeiros profetas, como Elias e Eliseu, foram registrados por terceiros, mas aqueles que os seguiram, como Oseas, Jeremias e Isaías, nos deixaram seus próprios escritos, expressando suas crenças, geralmente de um modo maravilhosamente poético.

As semelhanças entre ambos os milagre são claras: o único filho de uma viúva, uma morte prematura, uma mãe enlouquecida pela dor, uma vida restabelecida por um homem santo. Circunstâncias idênticas, resultado idêntico.

O milagre de Jesus, que a primeira vista parece um ato espontâneo de compaixão em relação à mãe sofrida, era ao mesmo tempo uma recriação inconfundível do milagre de Elias. No original grego, a frase que se utiliza para dizer que Jesus devolveu o filho à mãe é a mesma que se coloca na boca de Elias ao realizar seu milagre. Não é de se estranhar que as pessoas fiquem atônitas. Nutridos pelas escrituras judaicas, educados na reverência de Elias como o maior dos profetas, todos que viram ou ouviram falar do incidente entre Jesus e a viúva de Nain deduziriam a relação com o de Elias e a viúva.

De acordo com o evangelho de Lucas, um dos presentes até exclama: "Um grande profeta apareceu entre nós".

Mas, qual é o significado desse milagre que copia o outro? Se se tratava de algo mais que uma coincidência improvável, se Jesus estava encenando em público um "sinal", qual era a mensagem contida no sinal? O que estava tentando transmitir ao estabelecer esse paralelismo com Elias?

Para responder esta pergunta, devemos deixar de enfocar Jesus, a viúva e o filho, e nos concentrar naqueles que presenciaram o incidente. Só assim poderemos esperar compreender a mensagem que receberam quando Jesus devolveu a vida ao filho da viúva em Nain. Mas, como podemos fazê-lo?

Existem obstáculos óbvios na hora de levar a sensibilidade de nossos dias a um habitante de Nain de dois milênios atrás. O modo como reagimos está condicionado por nossa experiência, educação, cultura e crença. Um ambiente que seria radicalmente diferente do de um observador em Nain do século I.

Durante muitos séculos, parecia que atingir uma compreensão correta das mentes desses povos antigos e descobrir como pensavam, tinha de ser uma ilusão fantástica. Mas, na metade do século XX, uma descoberta extraordinária ofereceu a esperança de chegar precisamente a isso.

FOTOGRAFIA DA PÁGINA SEGUINTE:
O mosteiro Muhraka no Monte Carmelo, no alto do vale Jezreel.

Capítulo 2

A chave dos evangelhos?

No ano 1947, em um lugar da margem noroeste do Mar Morto chamado Qumrán, alguns pastores beduínos estavam buscando uma cabra que haviam perdido. Subiram por uma ladeira e olharam no interior de uma caverna. Não encontraram rastro do animal perdido, mas viram que havia algumas jarras escondidas em um nicho que continha pergaminhos. Tinham encontrado a maior descoberta de manuscritos dos tempos modernos.

Escritos exatamente antes e durante os tempos de Jesus, esses documentos eram os escritos judaicos mais antigos descobertos até agora. Seriam conhecidos como os pergaminhos do Mar Morto.

Esses pergaminhos tiveram um grande impacto sobre os teólogos que estudam as raízes do cristianismo. Para os pesquisadores dos milagres de Jesus especialmente, ofereceram a oportunidade de fazer algo que até então era considerado impossível: penetrar nas mentes dos judeus que viveram no século I e compreender os milagres a partir de sua perspectiva e sua psicologia particular.

As cavernas de Qumrán onde os pergaminhos do Mar Morto foram encontrados.

Aqueles que escreveram os pergaminhos do Mar Morto eram membros de uma comunidade religiosa chamada essênios, que observavam uma vida de disciplina rígida (em termos modernos diríamos "vida monástica") na planície situada justo acima das cavernas, entre Jericó e En-gedi. Eram dirigidos por um sacerdote proeminente que é referido nos textos como "Mestre de Integridade". Acredita-se que o termo grego *essenoi* provém do termo aramaico para "piedosos", e certamente devem ter sido.

Jesus era um essênio?

A idéia de que o próprio Jesus era um membro dos essênios foi proposta pela primeira vez há três séculos, durante o Iluminismo alemão, por um estudioso chamado Johann Georg Wachter, quem atribuiu capacidade de realizar milagre de Jesus ao aprendizado com os membros da comunidade. Aproximadamente na mesma época, surgiu a idéia de que João Batista era também um essênio.

No decorrer dos anos, essa área secundária dos estudos bíblicos produziu alguns argumentos intrigantes: os anjos da anunciação e a ressurreição eram na verdade essênios vestidos com túnicas brancas; a última ceia não foi um jantar de Páscoa, mas um jantar ritual celebrado em uma casa essênia.

À primeira vista, os laços entre Jesus, João Batista e esta seita religiosa estrita parecem intrigantes. Os essênios davam uma grande importância à vida austera e consideravam que sua época era "o final dos tempos". Também utilizam os mesmos termos técnicos e teológicos, tais como "filhos da luz" e o conceito de "Espírito Santo".

Muitos pesquisadores dizem que Jesus se refere de modo lisonjeiro aos essênios no Evangelho de Mateus, quando diz: *Alguns são eunucos porque nasceram assim; outros se tornaram eunucos pelos homens; e outros renunciaram o matrimonio pelo reino dos céus. Quem pode aceitar isso deve aceitá-lo.*

Contudo, a maioria de pesquisadores hoje acredita que houve muito mais diferenças entre João, Jesus e os essênios que semelhanças. João Batista, apesar de ter vivido austeramente, não era tão extremista como os essênios. Estes se mantinham distantes do resto da sociedade, enquanto João se dedicou aos pecadores e aos renegados. O rito batismal de João era uma cerimônia que se celebrava uma vez na vida, enquanto os essênios, como muitos judeus devotos da época, praticavam regularmente o cerimonial da água.

Jesus, assim como João, lidava com os renegados, os pecadores e o gentio, e não tolerava nenhuma hierarquia entre os discípulos, enquanto o modo de vida dos essênios era reservado unicamente para os iniciados.

Uma diferença muito significativa era que os essênios eram um grupo masculino. Ainda que algumas mulheres fossem admitidas (quando se aceitava um membro já casado), elas não tinham nenhuma função reservada. No entanto, tanto Jesus quanto João trabalharam e fizeram amizades com mulheres.

Portanto, ainda que haja pontos de contato entre o cristianismo e os ensinamentos dos essênios, não há prova alguma de que Jesus pertencesse a essa seita.

Um fragmento do Pergaminho de Guerra, que revela a confiança que o povo judeu sentia, apesar da opressão romana.

Um “monge” essênio não dispunha de propriedade privada e levava uma vida de pobreza simples, principalmente trabalhando a terra, colhendo tâmaras ou cuidando de abelhas. Vestiam roupa branca de linho, não usavam óleos na pele e, muito provavelmente, eram solteiros.

Há provas de que alguns novos membros levaram as esposas para a comunidade, mas a maior parte dos essênios era estritamente celibatária. A maioria dos membros vivia em cavernas, tendas ou cabanas simples, reservando as edificações para as refeições em comunidade, o culto, os banhos rituais e o estudo.

Essas construções estão agora em ruínas, mas há dois mil anos constituíam um complexo importante; um lugar de oração e observância ritual, mas também um lugar onde trabalhavam. Um dos edifícios identificados pelos arqueólogos era um escritório, onde os essênios copiavam laboriosamente as escrituras judaicas.

Nos anos seguintes à descoberta do ano 1947, foram encontrados mais pergaminhos em cavernas disseminadas pela margem do Mar Morto.

Eram cópias do livro de Isaías, um manual de disciplina, um comentário de Habacuc e fragmentos de outros documentos.

Havia até mesmo um pergaminho chamado "Hinos de Ação de Graças", que é uma cópia do livro de oração dos essênios. Em uma caverna não foram encontrados pergaminhos completos, mas uma enorme quantidade de fragmentos, até quarenta mil, que os especialistas tentaram reconstruir desde que foram encontrados.

Uma das descobertas mais interessantes das cavernas de Qumrán foi um documento denominado Pergaminho de Guerra. É um texto perturbador, que demonstra que os judeus do século I acreditavam que se encontravam envolvidos em uma Guerra Santa (uma tremenda guerra, de fato) entre as forças do mal e do bem. Uma grande parte do texto está escrita em uma linguagem codificada, sinal de que acreditavam se tratar de algo muito importante. As autoridades eram impiedosas na repressão da dissidência.

As forças do mal a que o texto se refere não eram outras que a brutalidade dos romanos (a quem o pergaminho da guerra se refere, utilizando um código, como *kittim*) que ocupavam a Judéia naquele tempo, contaminando as mentes e os corações judaicos com seus costumes pagãos decadentes. Mas a pauta marcada pelo pergaminho da guerra está muito longe de ser um brado de dor. De fato se parece mais a um grito de vitória, porque o povo judeu acreditava que a libertação estava próxima.

Quanto mais os eruditos estudavam o pergaminho da guerra, mais surpreendente era o que seu conteúdo parecia dizer.

O que aconteceu com os essênios?

As pesquisas arqueológicas e o que os próprios pergaminhos dos essênios sugerem, é que se retiraram para um lugar remoto do Mar Morto para se afastar de Jerusalém e do que consideravam como costumes depravados dos líderes religiosos judaicos.

A partir desse ponto, se transformaram em um grupo de apocalípticos dissidentes, convencidos de que a libertação da opressão dos ocupantes era algo próximo. Construíram e ampliaram seu complexo do Mar Morto em várias etapas, incluindo uma reconstrução após um terremoto acontecido no ano 31 a.C. Parece que alguns essênios viveram afastados do complexo em pequenas comunidades dentro de grandes povoados, onde viviam uma vida de moral religiosa estrita, mas que exerceram uma influência na vida política e cultural da sociedade. Em alguns momentos foram perseguidos pelas autoridades, mas se recuperaram até que finalmente foram aniquilados pelos romanos no ano 68 d.C.

Os romanos no tempo de Jesus

Jesus nasceu durante o reinado do poderoso imperador Augusto, cujos domínios se estendiam desde a Ásia até a Europa e a África, por todo o mundo então conhecido. Acredita-se que a população deste vasto império chegava a noventa milhões de pessoas, e abarcava culturas tão diversas como a Bretanha no norte, o que é hoje a Líbia no sul, e a Ásia Menor ao leste. Manter a harmonia social era um objetivo gigantesco que era conseguido com uma combinação de poderio militar, superioridade tecnológica e o recurso a estruturas legais e políticas sofisticadas.

Mas dentro do império havia uma grande diversidade religiosa. Quando Jesus nasceu, os romanos eram pagãos que adoravam uma gama de deuses e deusas procedentes de todo o império. Havia deuses gregos, germânicos e africanos, além de, naturalmente, deuses dos próprios romanos, incluindo o imperador. Em geral, todos coexistiam dentro da cultura politeísta romana, e havia uma enorme variação regional ou até mesmo local na quantidade de divindades pagãs que eram adoradas.

Os judeus do século I, de forma superficial, desfrutavam de liberdade religiosa. As grandes festividades eram ainda permitidas e, a cada Páscoa, milhares de peregrinos iam ao templo de Jerusalém. Os rabinos, as escrituras sagradas e as leis religiosas eram aceitos, mas, ainda assim, o povo judeu tinha de ser muito cuidadoso. Qualquer tentativa de transformar as crenças religiosas em uma mudança social ou em um protesto político, qualquer proclamação de que o império romano violava a justiça ou a integridade, era respondida com o uso brutal da força.

Esse cenário de tensão e opressão se converteria na influência que conformaria a vida e a morte de Jesus. A grande sombra do império afetou sua existência, desde o nascimento em um estábulo de um povoado chamado Belém, para onde seus pais haviam viajado para participar do censo romano, até sua execução, ao estilo romano, pregado em uma cruz construída por soldados romanos. Ao longo de sua vida, suas curas e seus ensinamentos estão repletos de referências à escravidão e à opressão, aos impostos e à moeda do império, às exigências do poder ocupante. E o modo como foi recebido pelos compatriotas judeus foi poderosamente influído pelas esperanças e pelas expectativas de que um messias viria para expulsar os romanos.

Mas, na verdade, o império romano sobreviveu em vários séculos à missão terrena de Jesus, se transformando em uma influência formadora (primeiro como perseguidor e depois como companheiro) do movimento cristão, que passou de culto judeu minúsculo a uma religião mundial.

Um afresco de Vênus e Marte. No tempo de Jesus, os romanos adoravam um panteão de deuses e deusas.

O império romano pouco depois do nacimento de Jesus.

O império romano era a potência militar e política mais poderosa que o mundo havia visto até então, e mantinha um controle férreo sobre a região. Mas esse pergaminho descreve o povo judeu como um povo confiante e otimista, apesar de lutar sob o jugo da opressão de uma potência estrangeira. E o motivo pelo qual confiavam na libertação contra todos os prognósticos era porque contavam com a ajuda de Deus.

O pergaminho anuncia a chegada de um grande profeta que Deus enviaria para predicar aos judeus. Qual seria sua missão? Purificar a mente do povo judeu, do mesmo modo que o famoso profeta Elias fez séculos antes. De repente, a simetria entre devolver a vida ao filho da viúva de Nain, feita por Jesus, e o milagre paralelo de Elias, mil anos antes, ganha um novo poder e significado.

Em uma sociedade que aguardava com impaciência a chegada de "um novo Elias", o proceder de Jesus não podia ser visto como um simples gesto espontâneo de compaixão. É verdade que havia uma profunda compaixão pela dor da viúva, mas era uma compaixão repleta de uma camada mais profunda de significado.

Não é de se estranhar que os presentes em Nain ficassem impressionados. Ao devolver a vida ao filho da viúva, ou realizar algo que era um eco claro do que fez Elias, Jesus estava mandando uma mensagem nítida ao povo judeu: ele era o grande profeta pelo qual estavam esperando.

Para aqueles que viram o que Jesus fez, isso não era algo indecifrável e obscuro. Estavam familiarizados com a história dos profetas anteriores e, para eles, o significado desse ato era tão claro como pode ser para nós a manchete de um jornal. Como era de se esperar, esse milagre provocou uma grande reação. As pessoas devem ter acreditado que o fim do mundo estava próximo.

A descoberta dos Pergaminhos do Mar Morto nos permitiu um entendimento privilegiado da mistura complexa de raiva e esperança que rondava as mentes dos judeus da época de Jesus. Na ausência desses pergaminhos, os investigadores podiam traçar um paralelismo entre Jesus e Elias. Com eles, foram capazes de pintar o rico e colorido marco de expectativas políticas e espirituais, e, com esta ajuda, ver o milagre surpreendente de outra perspectiva.

Em particular, um texto dos pergaminhos conhecido como 4Q52 evoca a enorme expectativa diante da chegada de um messias, um libertador, que seria conhecido pelos milagres.

"Os céus e a terra escutarão o Messias, e ninguém se afastará dos mandamentos dos santos.
Buscadores do Senhor, fortaleçam-se em Seu serviço!
Todos aqueles com esperança no (seu) coração, não encontrarão o Senhor nisto?
Uma vez que o Senhor considerará os piedosos (hasidim) e chamará os justos por seu nome.
Seu espírito velará sobre os pobres e renovará os fiéis com Seu poder.
E glorificará os piedosos no trono do Reino eterno.
Ele, que liberta os cativos, devolve a vista aos cegos, corrige os torcidos.
E eternamente me unirei aos esperançados e em Sua misericórdia...
E o fruto não tardará a chegar para ninguém.
E o senhor realizará coisas gloriosas...

Uma vez que curará os feridos, devolverá a vida aos mortos e trará boas novas aos miseráveis."

Se os milagres eram sinais, isso os tornavam ainda mais poderosos. O efeito desse tipo de comunicação simbólica não verbal deveria ser patente para qualquer um, até mesmo para aqueles que vivem em culturas modernas sofisticadas, dotadas de redes de comunicação instantâneas. Certamente está claro para nossos políticos e líderes religiosos, que sabem (geralmente como resultado de experiências amargas) que suas palavras mais escolhidas e calculadas não são nada comparadas com a fotografia de um cumprimento, um beijo ou um desplante.

Mas o poder simbólico do milagre de Nain transformou o ato de Jesus em algo intensamente político, uma coisa insensatamente arriscada em um país ocupado. Historicamente, no melhor dos casos, um profeta judeu tinha uma expectativa de vida curta. Ainda que alguns de seus companheiros aprovassem claramente o que faziam, muitos os reprovavam. Depois de tudo, a função de um profeta consistia em denunciar o

Nesta cena de baixo-relevo que circunda a coluna de Trajano o imperador lidera o ataque de suas tropas contra os dácios.

vício e a impiedade. Não é surpreendente que muitos profetas da Antiguidade tenham morrido apedrejados.

Todos os milagres de Jesus tinham como objetivo evidenciar sua condição de profeta e sucessor de Elias? Não é simples assim. Nos relatos evangélicos são estabelecidas diferenças claras para evidenciar que Jesus é algo mais que "o novo Elias". Para começar, Elias tem que se esforçar para conseguir seu milagre, deitando-se desesperadamente três vezes em cima do cadáver.

Mais significativamente, Elias tem que implorar a Deus para reviver o jovem porque isso não era algo que estivesse em suas mãos. Jesus realiza o milagre instantaneamente, sem rezar nem implorar, com uma simples imposição de sua mão. Mas se a mensagem deste milagre vai além de uma comparação de Jesus com Elias, para onde ela aponta? O que mais os milagres podem nos contar, se deciframos seu conteúdo semiótico?

O relato evangélico de Lucas nos conta que, após ressuscitar o filho da viúva, Jesus recebe a visita de alguns enviados por João Batista. A mensagem que manda de volta diz que "os cegos vêem, os coxos andam, os leprosos se curam, os surdos ouvem, os mortos ressuscitam e a boa nova é predicada aos indigentes". É uma lista completa. Sugere que os milagres de Jesus não têm como ser comparados com os de Elias. De fato, alguns de seus sinais apontariam para uma possibilidade até mesmo mais surpreendente, e mais arriscada.

CAPÍTULO 3

O novo Moisés?

A paisagem da história cristã está apinhada de colinas e montanhas: o Monte Tabor, onde se diz que Jesus se transfigurou, iluminando-se com uma luz celestial diante de seus discípulos; o Monte das Oliveiras, que foi o marco de sua entrada em Jerusalém e o lugar de sua Ascensão; e Getsêmani, o lugar para onde foi traído e onde iniciou seus dramáticos dias finais neste mundo. Quando se acrescenta a esta lista o morro onde pronunciou o Sermão da Montanha, e o cume no qual se conta que foi tentado por Satanás, é possível discernir-se uma clara pauta.

Mas há outro ainda um morro significativo na narração evangélica, um morro o que serviu de palco para um acontecimento surpreendente. Está na margem nordeste do Mar da Galiléia e em tempos antigos era denominado simplesmente "o deserto". Hoje em dia não é difícil ver o porquê de seu nome. Mas a Bíblia nos conta que, faz dois mil anos, em suas ladeiras despidas, Jesus alimentou uma multidão faminta.

Alimentar cinco mil pessoas sempre foi considerado como um dos mais memoráveis milagres bíblicos. Ainda que talvez não tão impressionante quanto ressuscitar um morto, esta resposta aparentemente prosaica às necessidades orgânicas de uma multidão, e o modo como isso foi feito, constituemi uma história maravilhosa.

Jesus não se põe adiante dos poucos pães e peixes para transformá-los magicamente num banquete para milhares de comensais. Em vez disso, começa a dividi-los e passa as porções àqueles que o rodeiam. Mas, enquanto reza, os pães continuam sendo partidos e os peixes, continuam sendo divididos, até que todos estejam saciados. Soa como se realizasse uma mágica milagrosa.

O Evangelho de São Marcos descreve a cena:

"Os apóstolos reuniram-se com Jesus e contaram-lhe tudo o que tinham feito e o que tinham ensinado. Ele, então, lhes disse: 'Vinde vós também pôr-se aparte, a um lugar solitário, para descansardes um pouco.' Pois os que iam e vinham eram muitos, e não lhes restava tempo."

Montanhas

"Vendo a multidão, subiu ao monte, sentou-se, e os discípulos aproximaram-se dele. E, tomando a palavra, ensinava-lhes dizendo:

'Bem-Aventurados os pobres de espírito, porque deles é o Reino dos Céus.
Bem-aventurados os que choram, porque eles serão consolados.
Bem-aventurados os mansos, porque eles herdarão a terra ...'""

Mateus 5:1-5

Esta passagem do capítulo 5 de Mateus é o princípio do famoso Sermão da Montanha, a pedra angular do ensinamento moral do cristianismo. Ai Aí ocorre uma simetria poética: a ética do reino, a ética de Jesus, é entregue de uma montanha ao povo, de modo análogo ao de Moisés, quando desceu do Monte Sinai com os Dez Mandamentos gravados em tábuas de pedra.

O significado religioso das montanhas não termina aí. Evidentemente, constituem um terreno elevado, um "púlpito" natural de onde se dirigir às massas, mas são muito mais que isso.

Na antiga história pagã, freqüentemente se acreditava que as montanhas (ou uma montanha em particular) eram a morada de Deus ou dos deuses. Como tais, eram lugares hostis e inacessíveis. Na história hebraica, Moisés subiu ao Monte Sinai não só para receber as leis, mas também, primordialmente, para encontrar-se com Deus, e o encontro foi tão intenso que desceu com o rosto chamuscado pela visão de Deus.

No Novo Testamento, Jesus leva Pedro, Santiago e João até uma "alta montanha", e transfigura-se diante deles. Suas roupagens adquirem uma cor branca ofuscante, um espetacular presságio da luz celestial e uma poderosa revelação de sua identidade. Mas é para outra montanha elevada que Jesus segue depois de ser batizado, para ser tentado pelo diabo e esclarecer a natureza de sua missão. Entra em Jerusalém vindo do Monte das Oliveiras, é traído nas ladeiras de Getsêmani e, no Evangelho de Lucas e nos Atos dos Apóstolos, regressa ao Monte das Oliveiras para subir ao céu.

E, no entanto, apesar do profundo simbolismo das montanhas, Jesus enfatiza, segundo o Evangelho de João, que Deus não está, nem deve ser adorado, em nenhuma montanha. Conta-se uma extraordinária conversa entre Jesus e uma mulher samaritana que ele encontra à beira de um poço, onde ela foi procurar água:

"Diz-lhe a mulher: 'Senhor, vejo que és um profeta. Nossos pais adoraram este monte e vós dizeis que em Jerusalém é o lugar lugar onde se deve adorar.'" Jesus lhe diz: 'Crê-me, mulher, que chega a hora na qual, nem neste monte, nem em Jerusalém adorareis ao Pai. Vós adorais o que não conheceis; nós adoramos o que conhecemos, porque a salvação vem dos judeus. Mas chega a hora (já estamos nela) em que os adoradores verdadeiros adorarão o Pai em espírito e em verdade, porque assim quer o Pai que sejam os que o adorem. Deus é espírito, e os que adoram, devem adorar em espírito e em verdade.'"'

João 4:19-24

O Monte Tabor, na Galiléia, possivelmente o lugar onde Jesus se transfigurou.

nem para comer. E foram-se no barco, aparte, a um lugar solitário. Mas viram-nos ir embora e muitos perceberam; e lá foram correndo, a pé, de todas as cidades e chegaram antes deles. E ao desembarcar, viu muita gente, sentiu compaixão deles, pois estavam como ovelhas que não têm pastor, e pôs-se a ensinar-lhes muitas coisas. Era já uma hora muito avançada quando se aproximaram dele seus discípulos e lhe disseram: 'O lugar está desabitado e já é hora avançada. Despeça-os para que vão às aldeias e povoado próximos para comprar o que comer.' Ele lhes respondeu: 'Dai-lhes vós o que comer.' Eles lhe dizem: 'Vamos nós comprar duzentos denários de pão para alimentá-los?' Ele lhes diz: 'Quantos pães tendes? Ide ver.' Após se certificarem, dizem-lhe: 'Cinco, e dois peixes.' Então lhes ordenou que se acomodassem todos em grupos sobre a grama verde. E acomodaram-se em grupos de cem e de cinqüenta. E tomando os cinco pães e os dois peixes, e levantando os olhos para os céus, pronunciou a bênção, partiu os pães e foi passando-os aos discípulos para que fossem servidos. Também repartiu entre eles os dois peixes.

Comeram todos e saciaram-se. E recolheram as sobras, doze cestos cheios e também as sobras dos peixes. Os que comeram os pães foram cinco mil homens."

MARCOS 6:30-34

Era tarde e a multidão estava faminta. Homens, mulheres e meninos clamando para comer cinco pães e dois peixes. Ao longo dos anos muitas teorias foram concebidas para encontrar uma explicação para este milagre. Há quem supusesse que, ao ouvir Jesus falar, as pessoas entraram num paroxismo religioso, e o fervor fez que esquecessem que estavam famintos.

Outros teorizaram que a atmosfera de harmonia e altruísmo que Jesus criou com seu sermão, fez com que as pessoas oferecessem suas próprias provisões e que as compartilhassem entre todos.

Mas assim como com a ressurreição do filho da viúva em Naim, aqui o elemento- chave é que a multidão acreditou que acabava de acontecer um milagre. Ficaram convencidos de que com tão poucas porções, Jesus alimentou a todos até que ficassem satisfeitos. Assim como no milagre de Naim, o que as pessoas presenciaram teve um grande impacto sobre elas, mas esse impacto proveio tanto da explosiva mensagem, do simbolismo implícito no milagre, quanto da proeza sobrenatural realizada com os pães e os peixes.

Reconstituição da alimentação das cinco mil pessoas. (e nas páginas 34-35)

O fato de alimentar a multidão faria os judeus do século I lembrarem a cambiante figura de sua história; alguém maior até mesmo que o profeta Elias. Quando aqueles que o presenciaram viram Jesus distribuir a comida, não puderam deixar de pensar no pai da fé judaica, Moisés. Tudo quanto que cercou ao milagre, do cenário até os menores detalhes, sugeriu uma poderosa identificação de Jesus com Moisés. Por quê?

O Mar da Galiléia

Barco de pesca no Mar da Galiléia

O Evangelho de João refere-se ao "Mar de Tiberíades". Lucas utiliza o nome de "Lago de Genesaret", mas tanto Mateus quanto Marcos se referem a essa extensão de água com seu nome mais comum, o Mar da Galiléia. No Antigo Testamento, o autor de *Números* utiliza o nome de Mar "de Chinnereth", que provém de um termo hebraico para designar um instrumento musical parecido coma uma harpa, a forma que o próprio lago assume. Em outras passagens da Bíblia ele é chamado simplesmente de "o lago" ou "o mar".

Sob qualquer nome, esse vasto lago de água doce teve um papel importante na história cristã. Situado abaixo do nível do mar no norte da Galiléia, é cercado por montanhas, o que lhe dá um microclima instável e anômalo. Tal como se menciona nos evangelhos, ocorrem no lago tempestades intensas e repentinas.

Rico em fauna marinha, o Mar da Galiléia continua sendo um importante lugar de pesca, e faz muitos séculos, em suas margens houve importantes comunidades de pescadores. Na época de Jesus, assim como hoje em dia, na margem oeste do lago havia muitas populações. Alguns desses povoados e aldeias tiveram um papel na vida e no ministério de Jesus e seus discípulos, e seus nomes passaram a fazer parte da Bíblia: Gadara, Betsaida, Cafarnaum e Magdala.

Para descomplicar essa simetria, necessitamos recorrer de novo aos Pergaminhos do Mar Morto e mergulharmos ainda mais nas esperanças, medos e expectativas dos judeus do século I. Já vimos, através do descoberto, por exemplo, no Pergaminho de Guerra, que os judeus contemporâneos de Jesus esperavam a chegada de um grande profeta. Mas os pergaminhos revelam que essa era apenas uma entre várias visões do Messias.

À medida que os eruditos foram decifrando o significado dos pergaminhos, começaram a compreender que os judeus do século I aguardavam também um grande libertador militar, alguém que acabasse com a opressão de Roma. Se o grande profeta que esperavam, alguém que reavivasse o fervor e a confiança do povo judeu era um fator crucial na libertação que almejavam; o grande guerreiro era outro.

Uma celebração moderna de Pessach, a Páscoa judaica, em Jerusalém

Ao que parece os judeus tinham uma idéia bastante estabelecida a respeito do tipo de salvador que esperavam. Teria de ser um homem com as qualidades de liderança castrense que teve seu maior herói militar. Moisés libertou os hebreus da escravidão no Egito e os conduziu na perigosa jornada para a liberdade, atravessando o deserto do Sinai até a fronteira da terra prometida, no Rio Jordão. Foi uma proeza espetacular, a pedra angular da história judaica que ainda se comemora todos os anos na festa judaica de Pessach.

O árido deserto do Sinai, palco do milagroso abastecimento de comida para o povo de Deus.

Os judeus da época de Jesus rezavam para que aparecesse um líder militar que pudesse fazer com seus opressores romanos o mesmo que Moisés fez com os egípcios. Mas essa era uma missão difícil para qualquer um, esqueçamos logo de um milagreiro de uma aldeia rural do norte da Galiléia. De que modo as pessoas podiam imaginar que Jesus poderia ser o novo Moisés?

Para começar, há pistas cruciais no milagre dos pães e dos peixes, pistas que denunciam surpreendentes paralelismos simbólicos entre Jesus e Moisés. Estes paralelismos começam no ponto onde começa inicia a história, quando Jesus e os discípulos embarcam, sulcam as águas do Mar da Galiléia e alcançam um lugar na margem nordeste do lago que, por ser que é tão solitária, que é conhecida como "o deserto".

Como começou a expedição de Moisés à terra prometida? Cruzando o Mar Vermelho, até chegar ao deserto do Sinai. Um paralelismo interessante, talvez; mas incapaz por si só de assombrar as massas.

No entanto, assim que chegam a esse lugar ermo e "desértico", os discípulos de Jesus perguntam a ele como tamanha multidão poderia

Quem era Moisés?

Moisés é uma das figuras- chave da Bíblia. Seu papel na história judaica é tão monumental que são necessários quatro livros essenciais do Antigo Testamento para contá-lo: *xodo, Levítico, Números* e *Deuteronômio*. Como se sabe, a história começa com um cesto flutuando rio abaixo pelo Nilo. Moisés nasceu como escravo hebreu numa época em que o faraó havia ordenado executar todos os recém-nascidos varões. O soberano sentia-se ameaçado pelo crescimento dessa comunidade de imigrantes. A mãe de Moisés, desesperada para tentar salvar seu filho, colocou-o no rio dentro de um cesto de juncos, e a criança foi encontrada por ninguém menos que a filha do faraó.

O bebê foi transladado conduzido ao palácio real e educado como um príncipe. Recebeu todo o conhecimento egípcio e desfrutou de todos os privilégios e benefícios da vida palaciana. Mas quando era um adolescente, presenciou como um capataz cruel agredira um escravo hebreu. Não pôde suportar ver como alguém de sua própria raça perecia nas mãos de um opressor. Num ataque de ira, matou o capataz.

A partir de então foi um homem procurado e fugiu para o deserto, onde subsistiu sobreviveu como pastor. Mas, depois de muitos anos de exílio, viu a famosa sarça que ardia sem se consumir. E da sarça saiu a voz do próprio Deus, ordenando a Moisés que regressasse ao Egito para resgatar seu povo. Moisés resistiu, mas finalmente consentiu em regressar à terra onde havia nascido. Confrontou o faraó exigindo-lhe que libertasse os hebreus. Como o faraó repetidamente se negou a isso, Deus, através de Moisés, castigou o Egito com uma série de terríveis pragas.

Após pragas de sangue, rãs, mosquitos e moscardos, úlceras, granizo, gafanhotos, piolhos, trevas e doenças de animais, o faraó continuou recusando-se. Deus ordenou a Moisés que se preparasse para o plano final. À meia-noite, Deus aniquilaria todos os primogênitos egípcios. Os hebreus deveriam fazer uma comida especial de cordeiro e recobrir suas portas com o sangue do animal. Deus veria a marca e "passaria ao largo"* diante das casas dos hebreus, poupando a vida a seus filhos.

Após essa noite terrível, o faraó deixou que os hebreus partissem, mas pouco depois mudou de idéia e perseguiu-os até as margens do Mar Vermelho. Deus dividiu as águas do mar para que pudessem escapar, e fechou-as de novo sobre os carros egípcios.

Moisés encontrou-se à frente de seu povo no deserto, livre, mas distante da terra prometida. Falou com Deus, cara a cara, recebeu os dez mandamentos gravados em lousas de pedra no alto do Mmonte Sinai e, durante quarenta anos, inspirou e moldou o povo hebreu numa nação. Mas embora vislumbrasse a terra prometida, nunca colocou os pés nelaa pisou. Morreu antes que seu povo terminasse sua jornada.

Vista da Palestina, do outro lado do Jordão, do Mmonte Nebo.

comer com dois pães e cinco peixes. Assim que Moisés chegou ao Sinai, os hebreus lhe perguntaram como sobreviveriam, o que comeriam, num ermo como esse.

Logo antes de realizar seu milagre, Jesus ordena às pessoas que se sentem em grupos de cinqüenta e de cem. Moisés dividiu aos seus em grupos de cem e cinqüenta. No xodo, o sogro de Moisés, Jetro, aconselha-o que "escolha homens capazes, tementes a Deus, homens honrados e incorruptíveis e que os ponha à frente do povo como chefes de mil, de cem, de cinqüenta e de dez".

A simetria impressiona, mas não acaba aqui. No ponto culminante da história, o próprio milagre, Jesus distribui os pães e os peixes, e de algum modo alcança multiplicá-los de maneira que conseguem saciar a todos. No deserto do Sinai, Moisés preside outra multiplicação milagrosa do alimento. A cada amanhã, o chão ficava coberto com maná, o pão celestial, como se houvesse nevado. Durante as noites, os céus acima do acampamento enchiam-se de codornas. Pães e peixes, maná e codornas; o cardápio era diferente, mas o significado não seria em vão para a multidão do século I.

Segundo o Evangelho de João, as pessoas se amontoaram ao redor de Jesus quando contemplaram o milagre. A reação não é estranha, visto que acabava de lhes ocorrer que essa pessoa podia ser o grande salvador pelo qual aguardavamque esperavam, o líder militar que triunfaria sobre os romanos e libertaria ao sofrido povo judeu.

Jesus era o novo Moisés? Talvez a pergunta mais pertinente fosse seria o novo Moisés capaz de realizar a tarefa por si só? Afinal, Moisés conduziu seu povo até a fronteira da terra prometida, mas morreu antes da conquista final. Chegou quase a tocá-la, do alto do Mmonte Nebo, onde agora é aatual Jordânia; divisou a terra de leite e mel, mas nunca a pisou com seus próprios pés.

Libertou seu povo da escravidão no Egito. Conduziu-os e sustentou durante os anos no deserto, moldou seu código ético, seu sentido comunitário, sistema legal e modo de culto. Transformou esses escravos exilados num povo de Deus, mas não os levou à terra prometida. Essa missão foi reservada a Josué, seu sucessor.

Foi Josué, o grande general, que agrupou os hebreus na margem leste do Rio Jordão e os conduziu ao outro lado, à terra de Canaã. E assim se iniciou a conquista final da terra prometida, começando pela batalha histórica de Jericó.

Ao completar sua campanha militar, Josué terminou o que Moisés havia iniciado: havia dadodera à luz a nação judaica. O povo judeu da época de Jesus não procurava apenas um novo Moisés. Esperava um líder militar que pudesse fazer com os romanos o que Moisés fez com os egípcios e Josué com os cananeus. Em outras palavras: esperavam o homem que recuperasse a terra prometida para os judeus.

Era possível ver em Jesus um novo Moisés e um novo Josué ao mesmo tempo? Certamente, não há nada no milagre dos pães e dos peixes que possa sugerir isso. Mas esse é o modo como funciona o simbolismo dos milagres. Segundo os evangelhos, a alimentação das cinco mil bocas foi seguida imediatamente por outra extraordinária façanha. E, dessa vez, os sinais apontaram para Josué.

ILUSTRAÇÃO SEGUINTE: **Igreja das Beatitudes, perto do Mar da Galiléia.**

CAPÍTULO 4

O novo Josué?

Para os judeus do século I, o milagre dos pães e dos peixes apontava para Moisés. Ao alimentar os cinco mil, Jesus fazia algo mais que saciar sua fome. Dava-lhes um sinal de que ele era o novo Moisés. Os Pergaminhos do Mar Morrido Morto deixam claro que o povo judeu esperava esse novo Moisés. Mais que esperado, o novo Moisés era esperado com ansiedade ansiado para libertar a seu povo oprimido, e livrá-lo do jugo romano.

Mas issto não era suficiente. A multidão sabia que Moisés, ainda que fosse sem dúvida o líder arquetípico do povo judeu, não pôde chegar à terra prometida sem a ajuda de seu sucessor, Josué. Josué Este foi o vencedor na batalha, o conquistador de Canaã. De modo que, para derrotar ao poderoso império romano, o povo judeu não precisava apenas do novo Moisés, mas também do novo Josué, e não havia nenhuma indicação deste último no milagre dos pães e dos peixes. Jesus poderia ser o novo Josué?

Os eruditos que vasculham os evangelhos a à procura de sinais de Josué não precisam avançar muito em sua leitura para encontrar alguns indícios fascinantes.

Imediatamente após alimentar os cinco mil, os evangelhos dizem que Jesus ordenou a seus discípulos que subissem num barco e que regressassem a Betsaida, enquanto ele permanecia sozinho na montanha, para rezar. Mas a viagem de regresso dos discípulos não foi tão tranqüila quanto esperavam.

O Mar da Galiléia, susceptível a mudanças bruscas na temperatura e tempestades violentas e inesperadas, transformou-se de um lago plácido num mar tormentoso. Os discípulos ficaram presos numa borrasca, lutando por manter o barco à tona e alcançar a segurança de uma margem. Segundo o Evangelho de Marcos, Jesus interrompeu suas preces e viu suas dificuldades:

"Vendo que eles se cansavam remando, pois o vento estava contra eles, por volta da quarta vigília da noite vem até eles caminhando sobre o mar e queria passar ao largo deles. Mas eles, vendo-o caminhar sobre o

mar, acharam que era um fantasma e puseram-se a gritar, pois todos o haviam visto e estavam aturdidos.

Mas ele, de imediato, falou com eles, dizendo: 'Ânimo! Pois sou eu, não temais.' Subiu então para junto deles no barco, e amainou o vento, e ficaram em seu interior completamente estupefatos, pois não tinham entendido o episódio dos pães, e suas mentes estavam embotadas.

Terminada a travessia, chegaram a terra em Genesaret e atracaram. Mal desembarcaram, logo a reconheceram, percorreram toda aquela região e começaram a trazer aos doentes em macas até onde ele estava. E onde quer que entrasse, em povoados, cidades ou aldeias, colocavam os doentes nas praças e lhe pediam para tocar pelo menos a orla de seu manto; e todos que a tocaram foram curados."

MARCOS 6:48-56

Quem era Josué?

Josué chamava-se antes Oséias, mas, segundo *Números*, Moisés mudou seu nome quando o nomeou como assistente.

Após ser enviado a Canaã como espião e avaliar as possibilidades de apoderarem-se da terra prometida à força, Josué aliou-se àqueles, em minoria, que acreditavam que deveriam pôr toda a fé em Deus e atacar diretamente o território. Por isso, Deus recompensa sua fé dizendo a Moisés que nomeie Josué seu segundo em comando. Assim como Moisés, isto significa que deve ser obedecido por todos.

Os livros bíblicos *Números* e *Deuteronômio* descrevem depois o processo com o qual Deus preparou Josué para suceder Moisés. No livro de *Josué*, esse destino realiza-se, após a morte de Moisés na fronteira da terra prometida, e, com a ajuda de Deus, Josué conquista Canaã.

Milagrosamente, conduz seu exército, sacerdotes e povo à terra prometida, através do Jordão. Deus concede a Josué a fé, a fortaleza e o talento necessários para apoderar-se de Jericó, uma praça bem fortificada, e, depois que se apoderou da terra, Josué faz a distribuição, dividindo-a entre as várias tribos de Israel.

Os evangelhos nos dizem que os discípulos ficaram atônitos diante do que viram. Não era para menos. A imagem de Jesus andando tranqüuilamente sobre um mar em fúria é tão insólita que se converteu num símbolo icônico. O milagre de Jesus caminhando sobre as águas é talvez o milagre mais famoso. Mas para compreender seu significado, devemos observar seu simbolismo, que começa com uma parte essencial da história de Josué.

Quando morre Moisés, Josué fica encarregado de conduzir o povo hebreu à terra prometida. Mas essa peregrinação final aparece não só como perigosa, com os inimigos lhes fechando a passagem, mas como praticamente impossível, porque o amplo Rio Jordão se interpõe entre eles e seu objetivo final.

Como irão vadeá-lo? Josué era um homem piedoso e, enquanto esperavam na margem leste, Deus lhe disse que os hebreus cruzariam o rio e que o fariam de um modo tão surpreendente, que saberiam que estavam nas mãos de Deus. O livro de *Josué* nos dá o relato da história.

"Josué disse aos israelitas: 'Acercai-vos e escutai as palavras de Javé vosso Deus.' E disse Josué: 'Nisto conhecereis que o Deus vivo está entre vós e que lançará certamente a vossa chegada o cananeu, o hitita, o heveu, o perizeu, o guirgaseu, o amorreu e ao jebuseu. Eis que a arca de Javé, Senhor de toda a terra, passará o Jordão diante de vós. Escolhei, pois, doze homens das tribos de Israel, um homem de cada tribo. Enquanto as plantas dos pés dos sacerdotes que levam a arca de Javé, Senhor de toda a terra, pisem as águas do Jordão, as águas do Jordão que vêm de cima, permanecerão cortadas e se deterão, formando um só bloco.'

Quando o povo partiu de suas tendas para atravessar o Jordão, os sacerdotes levavam a arca da aliança à frente do povo. E quando os que levavam a arca chegaram ao Jordão, e os pés dos sacerdotes que levavam a arca tocaram as margens das águas (e o Jordão havia crescido até as bordas por todo o tempo da ceifa), as águas que desciam se detiveram e formaram um só bloco a grande distância, em Adam, a cidade que está ao lado de Sartam, enquanto que as que desciam para o mar da Arabá, ou mar do Sal, ficaram cortadas por completo, e o povo passou diante de Jericó. Os sacerdotes que levavam a arca da aliança de Javé permanecerem de pé, no seco, no meio do Jordão, enquanto todo Israel passava no seco, até que todos acabaram de atravessar o Jordão."

JOSUÉ 3:9-17

O que era a arca da aliança?

A arca era um baú ou compartimento que, sobre os ombros dos hebreus, encabeçou a travessia do deserto, tornando-se o núcleo e o ponto focal de seu culto. Em várias passagens do Antigo Testamento, a arca identifica-se de tal modo com Deus, que estar adiante dela é estar na presença divina. Quando Moisés se dirige à arca faz isso como se falasse diretamente com Deus.

Essa clara identificação com a presença e o poder de Deus explica o efeito devastador que tem sobre os que tentam profaná-la. Enquanto os hebreus avançam para a terra prometida, adquire um papel de protagonista. Transportada por doze sacerdotes, detém, pelo poder de Deus, as águas do Rio Jordão enquanto os israelitas o atravessam. Com ela, Josué e seu exército cercam a cidade de Jericó, protegendo-a da agressão militar a todo o momento. Depois, lutam para protegê-la e escondem-na.

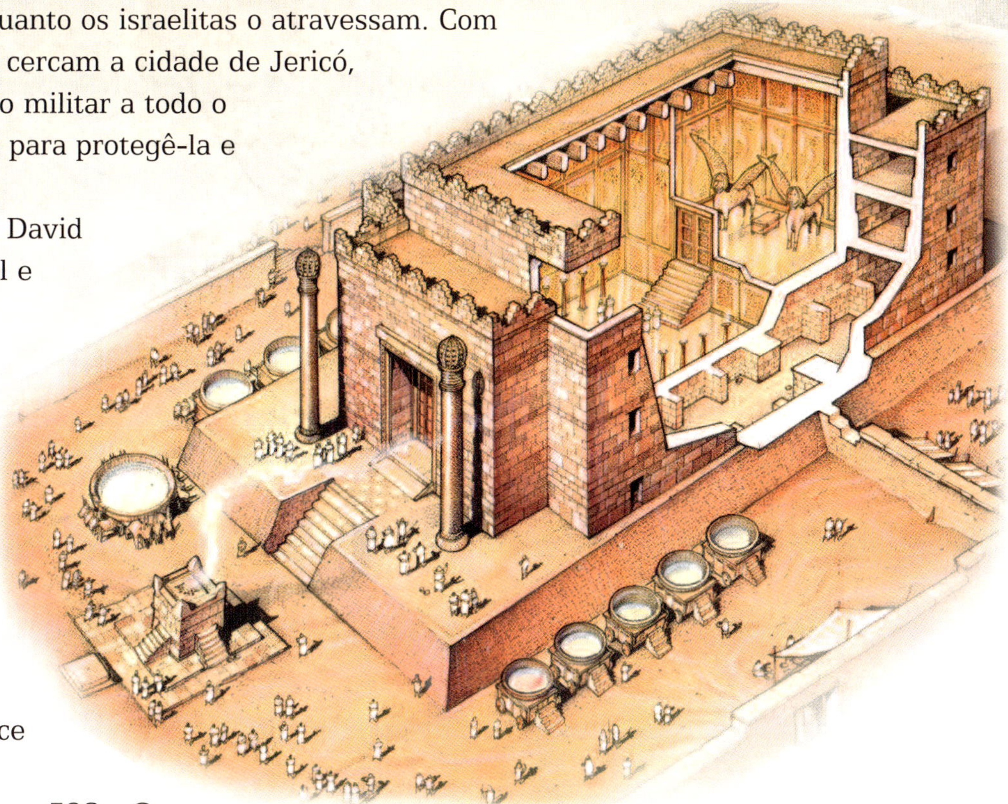

Reconstituição do Templo de Salomão, mostrando a localização da arca no sanctum sanctorum do fundo.

Quando o grande rei David unifica as tribos de Israel e estabelece a capital em Jerusalém, traz a arca a sua nova capital e a converte no centro do culto e da identidade nacional. Quando Salomão constrói seu impressionante templo, a coloca no *sanctum sanctorum*, e ali permanece até que os babilônios destroem Jerusalém no ano 586 a.C. O lugar onde agora possa estar é um dos grandes mistérios que nos legou a Aantigüidade. Há quem ache que pode estar escondida em algum lugar de Israel ou da Etiópia. Mas poderia estar em qualquer outro lugar. Outros acham que os babilônios a destruíram.

O que continha? A Bíblia diz que abrigava as tabuletas de pedra nas quais Moisés coletou a Lei de Deus, mas se sugeriu que podia conter outras coisasalgo mais, inclusive o maná que Deus forneceu a seu povo exilado para que subsistisse no deserto.

A batalha de Jericó

"Javé disse a Josué: 'Olha, eu ponho em tuas mãos Jericó e seu rei. Vocês, todos os homens de guerra, cercareis a cidade, dando uma volta ao redor: Assim farás durante seis dias. Sete sacerdotes levarão diante da arca as sete trombetas de chifres de carneiro. No sétimo dia dareis a volta à cidade sete vezes e os sacerdotes tocarão as trombetas. Quando soe o chifre de carneiro, todo o povo prorromperá num grande alarido e o muro da cidade virá abaixo. E o povo se lançará ao ataque, cada um pelo lugar que tenha em frente.'"

JOSUÉ 6:2-5

O relato da queda de Jericó no livro de *Josué* é um dos relatos mais espetaculares da Bíblia. Com a ajuda do poder divino, os israelitas derrubam as muralhas da grande cidade, com a prece e o som dos *shofars* como únicas armas. Constitui também um marco na história do Oriente Médio porque, segundo conta a Bíblia, Josué, a partir da plataforma da conquistada Jericó, conquistou muitas outras cidades e estabeleceu os hebreus na terra prometida.

Jericó havia sido sempre uma cidade de importância estratégica. É um assentamento num oásis, uma rara fonte de água, e o manancial, que fez que seu entorno fosse colonizado, ainda continua sendo utilizado hoje.

Mas os relatos de sua conquista, que aparecem no livro de *Josué* e em *Juízes*, diferem no enfoque. Os israelitas acreditavam que Deus lhes havia prometido uma terra na qual estabelecer sua nação. O problema estava em que essa terra já era ocupada pelos cananeus, e estes não iriam entregar por nada.

O livro de *Josué* relata que o heróico sucessor de Moisés, com a ajuda de Deus, é vencedor numa série de terríveis batalhas que culminam na tomada da grande cidade de Jericó, ao norte do Mar Morto. Conseguiu isso se apoiando em Deus, não em seu exército. Segundo este relato, utilizou também a astúcia, enviando espiões antes do ataque para que observassem as fraquezas nas defesas da cidade.

Escavações em Jericó

Em *Juízes,* no entanto, conta-se que a invasão foi muito mais progressiva e marcada por contínuas escaramuças com os cananeus e filisteus, e pelos esforços dos israelitas para organizar, ocupar e governar sua "terra prometida".

Os arqueólogos contemporâneos têm desenterrado as velhas muralhas de barro de Jericó. Essas muralhas apoiavam-se sobre fortificações anteriores construídas com pedra, e parece que, em algum momento, toda a estrutura realmente desabou.

O livro de *Josué* diz que quando terminou essa milagrosa travessia, e os sacerdotes que transportavam o arca da aliança chegaram a à terra firme, as águas do Jordão imediatamente fluíram de novo pelo leito, tal como sempre haviam feito. Josué, seus sacerdotes e seu exército encontraram-se sãos e salvos do outro lado do rio, preparados para travar batalha diante de Jericó e conquistar sua terra prometida. Como se costuma dizer, o resto é história; uma história muito conhecida pelos judeus da época de Jesus.

Mas se é comparada com a história de Jesus andando sobre as águas, há algo que não parece se enquadrar. Como Jesus podia estabelecer uma conexão simbólica com Josué cruzando o Jordão, se estava no Mar da Galiléia, trezentos quilômetros ao norte daquele rio? Com as modernas técnicas de topografia aérea e de prospecção de águas subterrâneas, os pesquisadores lançaram uma nova luz sobre o modo como Jesus agiu naquela noite de tempestade.

A idéia mais corrente sobre o Rio Jordão preconiza que nasce no extremo sul do Mar da Galiléia e que flui para o sul até chegar ao Mar Morto. Mas o Rio Jordão é algo mais do que a vista percebe, bem mais. A nascente do rio está muito acima do Mar da Galiléia, nas montanhas do extremo norte do país.

Jericó hoje em dia, com as colinas do deserto da Judéia 0ao fundo.

De modo que havia sim um Rio Jordão na Galiléia que Jesus poderia cruzar. Embora haja um problema. Não escolheu reproduziru nas montanhas da Galiléia, perto de sua terra natal, a famosa travessia do rio que Josué realizou. Andou sobre as águas no meio do Mar da Galiléia. Isto representava um obstáculo para a teoria de que Jesus reproduzia o milagre de Josué, até que as imagens por satélite e de topografia aérea mudaram nossa percepção da paisagem.

Reconstituição de Jesus andando sobre as águas

Quando examinamos essas imagens, observamos que o Jordão, ao entrar no Mar da Galiléia, não dispersa suas águas no lago: flui através de um delta subaquático. O fluxo de suas águas aparece mais escuro que as águas do lago que o rodeiam. É claramente perceptível. Quando Jesus cruzou pelo meio do Mar da Galiléia, onde seus discípulos se debatiam contra os elementos, também estava cruzando as águas do Jordão. Mas, de fato, estava tentando rivalizar com a famosa travessia de Josué?

O episódio inicia-se nas encostas que se elevam do lago, após Jesus e seus discípulos terem terminado de alimentar as cinco mil pessoas. Os relatos bíblicos contam que se encontravam na parte da margem conhecida como "o deserto". Isto significa que estavam na margem leste do lago, e, portanto, no lado leste do Rio Jordão, como Josué.

Quando os discípulos contemplaram como Jesus atravessava andando o delta submerso, souberam que era um criador de sinais e símbolos. Tinham visto como podia converter uma cura ou uma parábola em algo com uma ressonância poderosa, numa ação com uma mensagem sobre o passado e o futuro. E o haviam visto utilizar uns poucos bocados e uma multidão faminta para enviar um claro sinal de que era o novo Moisés. Com esse pano de fundo, é possível compreender que os discípulos chegassem à conclusão de que Jesus apontava para a famosa travessia de Josué, sobretudo porque o conheciam por outro nome. "Jesus" significa "o Senhor salva", mas o nome "Jesus" é uma tradução latina do original hebreu. Em hebreu era chamado Josué.

Talvez este homem a quem seguiam, esse singelo pregador e curador, não fosse simplesmente o grande profeta tão esperado pelos judeus. Talvez fosse o tão ansiado rei guerreiro que libertaria da opressão romana o povo judeu.

No caminho de regresso de Jesus e seus discípulos a Cafarnaum, à medida que correu a notícia, muitaa gente deve haver ter saídoir a seu encontro. Depois de séculos de repressão brutal, aparecia um raio de esperança. Era esse homem Jesus a realização não mais de Elias, mas sim, mais importante, de Moisés e Josué?

A atmosfera naquela noite em Cafarnaum deve haver ter sido extasiante. Embora o entusiasmo devesse estar tingido de receio e dúvida. Se ser um grande profeta já era uma ocupação perigosa, liderar uma rebelião na contramão do império romano era uma empresa um empreendimento que beirava raiava o suicídio.

O Rio Jordão em Panéias, não muito longe de sua nascente.

Nas terras ocupadas, os romanos eram tolerantes com alguns aspectos da cultura e da religião. Permitia-se que as pessoas adorassem seus próprios deuses, freqüentemente alinhados junto aos deuses romanos, com o próprio imperador incluído. Mas a tolerância romana tinha seus limites e não incluía a dissidência política. Os judeus que se rebelavam eram imediatamente detidos e executados. Os distúrbios eram reprimidos sem piedade, antes que se estendessem.

O historiador Josefo registra um episódio cruel, no qual um líder rebelde chamado Judas Tadeu conseguiu reunir alguns milhares de judeus na margem leste do Rio Jordão, numa tentativa de penetrar na Judéia e iniciar uma revolução. Foram todos massacrados pelos romanos.

A Galiléia desfrutava de uma vantagem: não estava sob controle direto de um governador romano, mas era controlada pelo tetrarca judeu Herodes Antipas em nome de Roma.

O aqueduto romano em Cesaréia Marítima

Herodes

Seu nome ainda conserva a capacidade de gelar o sangue. Estará para sempre associado ao tirano bíblico que ordenou degolar todos os recém-nascidos. Com essa carnificina, esperava matar a um menino chamado Jesus, um menino que já havia sido chamado "rei dos judeus". Embora não tenha pudesse conseguir conseguido esse feitoisso, foi um homem que normalmente conseguia realizar tudo aquilo a que se propunha, com um grande poder político e uma enorme astúcia, e que entrou na para a história com o nome de Herodes, o Grande. Quando morreu, no ano 4 d.C., isso sua morte representou um problema para os romanos. Qual de seus três filhos deveria herdar o trono e tornar-se, naturalmente sob a tutela romana, governador dessa região do império?

Finalmente, César Augusto resolveu o problema dividindo o território entre os três filhos. O chamado Antipas foi nomeado governador da Galiléia e da Peréia. Este Herodes, Herodes Antipas, é quem aparece mais freqüentemente no restanteo do Novo Testamento. Ostentou seu cargo durante toda a vida de Jesus e esteve implicado em sua execução.

Sua vida privada o converteu numa personagem controvertida, porque se divorciou da mulher para casar-se com Herodias, sua a própria cunhada. Segundo os evangelhos, João Batista criticou publicamente esse casal, o que provocou seu encarceramento e posterior execução. Herodes Antipas construiu uma nova capital para si mesmo às margens do Mar da Galiléia e a chamou de Tiberíades, em homenagem ao imperador romano Tibério.

Lucas explica o papel que teve na detenção e julgamento de Jesus:

"Pilatos perguntou se aquele homem era galileu. E, ao saber que era da jurisdição de Herodes, remeteu-o a Herodes, que por aqueles dias estava também em Jerusalém. Herodes se alegrou muito quando viu Jesus, pois fazia muito tempo que desejava vê-lo, pelas coisas que ouvia dele, e esperava que fizesse algum sinal em sua presença. Fez-lhe numerosas perguntas, mas ele não respondeu nada. Estavam ali os sumos sacerdotes e os escribas acusando-o com insistência. Mas Herodes, com sua guarda, após desprezá-lo e zombá-lo, pôs-lhe uma esplêndida vestimenta e o remeteu a Pilatos. Naquele dia Herodes e Pilatos ficaram amigos, pois antes estavam inimizados."

LUCAS 23:6-12

Mais tarde, Herodes foi derrotado por seu poderoso e intrigante cunhado Agripa, que acusou Antipas de delitos contra o império romano. Herodes foi destituído e exilado na Gália, acompanhado por sua esposa Herodias.

Ruínas do que se considera que foi a casa de Pedro em Cafarnaum.

Mas o império mantinha o controle. Os romanos tinham espiões inclusive nesse confim de suas províncias. Cafarnaum, onde residiam Jesus e seus discípulos, era um pequeno povoado de pescadores, mas estava na linha fronteiriça.

Os relatos evangélicos deixam claro que os romanos, no mínimo, mantinham aí um centurião como medida preventiva. Isto foi confirmado recentemente por arqueólogos que encontraram os restos de um quartel romano e a casa de um centurião. Os rumores de que um Ggalileu carismático atiçava o fogo da rebeldia no povo, eram o tipo de rumores que fazia soar os alarmes das autoridades romanas.

Na Galiléia do século I não havia ninguém tão néscio ao ponto de desprezar o poderio romano. Desde tempos remotos os romanos oprimiam todo o mundo. Roma era a maior potência militar e política conhecida até então. Os discípulos de Jesus e as pessoas deviam perguntar-se, enquanto olhavam esse novo Moisés, esse novo Josué, esse salvador militar, de que modo exatamente iria expulsar os romanos.

Para vislumbrar a resposta não teriam de olhar longe. Podia estar em seu próprio povoado, Cafarnaum.

CAPÍTULO 5

Homem e Deus?

Quando curava alguém, Jesus parecia fazer algo mais que dissipar os sintomas. Segundo os relatos evangélicos, deixava neles uma sensação de inteireza e paz, como se observa neste relato do Evangelho de Marcos:

"E Jesus foi com ele. Uma grande multidão foi junto e o apertava de todos os lados. Chegou ali uma mulher que há doze anos estava com uma hemorragia. Havia gastado tudo o que tinha, tratando-se com muitos médicos. Estes a fizeram sofrer muito; mas, em vez de melhorar, ela vinha piorando cada vez mais. Ela havia escutado falar de Jesus; então entrou no meio da multidão e, chegando por trás dele, tocou na sua capa, pois pensava assim: 'Se eu apenas tocar na capa dele, ficarei curada.' Logo o sangue parou de escorrer, e ela teve certeza de que estava curada. No mesmo instante Jesus sentiu que dele havia emanado poder. Então virou-se no meio da multidão e perguntou: 'Quem foi que tocou na minha capa?' Os discípulos responderam: 'O senhor está vendo como esta gente o está apertando de todos os lados e ainda pergunta isso?' Mas Jesus ficou olhando em volta para ver quem tinha feito aquilo. Então a mulher, sabendo o que lhe havia acontecido, atirou-se aos pés dele, tremendo de medo, e contou tudo. E Jesus disse: 'Minha filha, você sarou porque teve fé. Vá em paz; você está livre do seu sofrimento.'"

MARCOS 5:24-34

À medida que se foi espalhando a notícia das extraordinárias curas que Jesus realizava, cada vez mais e mais pessoas foram escutá-lo, trazendo seus doentes e moribundos. Embora Jesus regularmente se retirasse para ficar sozinho e rezar, grande parte de seu tempo era passado no em meio de uma multidão de pessoas desesperadas, dependentes de suas palavras. Segundo os evangelhos, foi num dia assim que fez um de seus milagres mais emocionantes.

Jesus encontrava-se no pequeno povoado de Cafarnaum, onde residia com seus discípulos. Estava ensinando numa casa que estava

Cafarnaum

"Chegam a Cafarnaum. Ao chegar no sábado entrou na sinagoga e pôs-se a ensinar. E ficavam assombrados de sua doutrina, porque ensinava-lhes como quem tem autoridade, e não como os escribas.

Havia precisamente em sua sinagoga um homem possuído por um espírito imundo, que se pôs a gritar: 'O que quer de nós, Jesus de Nazaré? Você veio para nos destruir? Sei muito bem quem é você: é o Santo que Deus enviou!' Então Jesus ordenou ao espírito mau: 'Cale a boca e saia desse homem!' Aí o espírito sacudiu o homem com violência e, dando um grito, saiu dele. Todos ficaram espantados e diziam uns para os outros: 'Que quer dizer isso? É um novo ensinamento dado com autoridade. Ele manda até nos espíritos maus, e eles obedecem.' Logo sua fama se estendeu por todos os lugares, em toda a região da Galiléia."

MARCOS 1:21-28

Essa passagem do primeiro capítulo do Evangelho de Marcos é uma das muitas passagens nos evangelhos que começam com "chegam a Cafarnaum" ou "estavam em Cafarnaum" ou "numa casa de Cafarnaum..."

Esse pequeno povoado na margem norte do Mar da Galiléia foi o palco de muitas curas milagrosas efetuadas por Jesus, e de grande parte de seus ensinamentos, exorcismos e de alguns de seus primeiros encontrões confrontos com a autoridade. Diz-se que Pedro e outros discípulos viveram ali, ganhando seu sustento pescando no lago, antes de conhecerem Jesus e o seguirem. Alguns eruditos afirmam que a cura do homem que foi baixado por seus amigos do terraço com cordas, para que Jesus pudesse lhe dizer "Levanta-te, pega tua cama e anda!", ocorreu na casa de Pedro.

Na metade do século XIX, os arqueólogos identificaram a localização do Cafarnaum bíblico no atual Tell Hum, onde se continuou escavando desde então. Muitos consideram que um sítio arqueológico, correspondente às ruínas de uma moradia do século I, sobre o qual foram construídas várias pequenas igrejas cristãs antigas, seja a casa de Pedro.

Apesar de todos os milagres que realizou ali, e em parte por causa disso, Jesus posteriormente condenou Cafarnaum (entre outros lugares) por sua falta de arrependimento e fé. Mateus conta isso em seu Evangelho.

"Então se pôs a amaldiçoar as cidades nas quais haviam se realizado a maioria de seus milagres, porque não se haviam convertido. 'Ai de ti, Corazín! Ai de você, cidade de Betsaida! Porque, se os milagres que foram feitos em vocês tivessem sido feitos nas cidades de Tiro e de Sidom, os seus moradores já teriam abandonado os seus pecados há muito tempo. Pois eu afirmo a vocês que, no Dia do Juízo, Deus terá mais pena de Tiro e de Sidom do que de vocês, Corazim e Betsaida. E você, cidade de Cafarnaum, acha que vai subir até o céu? Pois será jogada no mundo dos mortos! Porque, se os milagres que foram feitos aí tivessem sido feitos na cidade de Sodoma, ela existiria até hoje. Pois eu afirmo a vocês que, no Dia do Juízo, Deus terá mais pena de Sodoma do que de você, Cafarnaum.'"

MATEUS 11:20-24

Restos da sinagoga de Cafarnaum, o vilarejo que foi palco de muitas curas milagrosas feitas por Jesus

cheia prestes aao ponto de transbordar de gente. O evangelho de Marcos sugere que era a casa de Pedro. Alguns dos que ali estavam eram do vilarejo, mas Lucas diz que também havia fariseus e doutores da Lei.

Essas autoridades haviam vindo de todas as aldeias da Galiléia, da Judéia e Jerusalém, para ouvi-lo falar. Sentaram-se e escutaram-no, ainda que com seus próprios propósitos. De seu ponto de vista, esse pregador era um inconformista, uma ameaça a seu poder. Haviam ouvido muitos rumores a respeito dele, e agora estavam ali para verificar por si mesmos.

Tal como São Lucas descreve a cena, ressalta que "o poder do Senhor lhe fazia realizar curas". E talvez esse poder fosse palpável para alguns dos presentes.

"Alguns homens trouxeram um paralítico deitado numa cama e estavam querendo entrar na casa e colocá-lo diante de Jesus. Porém, por causa da multidão, não conseguiram entrar com o paralítico. Então o carregaram para cima do telhado. Fizeram uma abertura nas telhas e o desceram na sua cama em frente de Jesus, no meio das pessoas que estavam ali."

LUCAS 5:18-19

É uma imagem memorável: as pessoas comprimidas e caladas vêem como pedaços de gesso caem do teto e como do buraco fazem descer um paralítico num catre preso por cordas, até que esteja diante de Jesus. .ÀA primeira vista pode parecer algo extraordinário, subir levar ao telhado um homem que não pode se valer e o descê-lo com cordas. Ainda que não seja tão difícil quanto parece.

Ainda hoje, muitas casas dessa parte do mundo são construídas de um modo parecido ao modo como o utilizadoeram feitas na época de Jesus. Numa aldeia como Cafarnaum, as casas estariam apinhadas num intrincado labirinto de pátios, escadas e recintos conectados entre si em todos os patamares. Os desesperados amigos do homem paralítico puderam chegar ao telhado pelo terraço de uma casa vizinha. Uma vez ali, tudo o que tinham de fazer era criar um buraco no teto, que, como muitos telhados de agora, seria feito de troncos, palha e barro.

Poder-se-ia pensar que Jesus estaria furioso, ou surpreendido, ao ver como sua prédica fora interrompida de um modo tão atrevido. Mas, segundo os evangelhos, sua reação foi oposta, como nos conta São Lucas:

Jesus viu que eles tinham fé e disse ao paralítico: 'Meu amigo, os seus pecados estão perdoados!'

"Os escribas e fariseus começaram a pensar: 'Quem é este homem que blasfema contra Deus desta maneira? Ninguém pode perdoar pecados; só Deus tem esse poder.' Conhecendo Jesus seus

Encenação da cura do paralítico.

pensamentos, disse-lhes: '"Por que vocês estão pensando assim? O que é mais fácil dizer ao paralítico: 'Os seus pecados estão perdoados' ou 'Levante-se e ande'?'

Pois vou mostrar a vocês que eu, o Filho do Homem, tenho poder na terra para perdoar pecados. Então disse ao paralítico: 'Eu digo a você: levante-se, pegue a sua cama e vá para casa.*' No mesmo instante o homem se levantou diante de todos, pegou a cama e foi para casa, louvando a Deus.*

Todos ficaram muito admirados; e, cheios de medo, louvaram a Deus, dizendo: 'Que coisa maravilhosa nós vimos hoje!'"

LUCAS 5:20-26

Naturalmente, alguns argumentaram que o homem paralítico podia estar sofrendo de alguma doença psicossomática, que sua paralisia não tinha causas físicas e que, portanto, era mais susceptível à sugestão. Muitos, no entanto, aceitam que naquele dia, na casa de Cafarnaum, ocorreu uma cura surpreendente.

Fazendas e eiras típicas de uma aldeia rural de Judéia e Samaria. Em escavações arqueológicas de sítios bíblicos foram descobertas construções similares.

Seja como for, o incidente constituiu outro prodigioso espetáculo de Jesus. Não é difícil imaginar qual foi a reação dos presentes. Nas palavras de Lucas, "todos ficaram muito admirados". Mas o motivo pelo quale ficaram admirados não foi pela cura em si. Para a audiência do século I, o momento em que todos ficaram boquiabertos foi justo antes de Jesus ordenar ao homem que pegasse sua maca e fosse para casa.

"Meu amigo, os seus pecados estão perdoados!". Na fé judaica, somente unicamente um ser tem o poder de perdoar pecados, e esse ser é Deus; ninguém mais. Como é natural, quem foi ofendido por outro pode decidir perdoar sua ofensa, mas ninguém exceto Deus pode perdoar todos os pecados de um homem. Para fariseus e escribas, isso confirmou o que já suspeitavam de Jesus: que era um blasfemador.

Nenhum mortal podia perdoar os pecados de outro. Aos olhos das autoridades, Jesus tinha cruzado uma linha significativa e perigosa, e havia feito isso em público.

O Que podiam pensar seus discípulos, quando regressaram a suas barcas de pesca, depois que as pessoas voltaram para suas casas?

Quem é o "Filho do homem"?

No Novo Testamento aparece com freqüência o título de "Filho do homem". Quase sempre é o modo como Jesus se refere a si mesmo. Alguns pesquisadores interpretaram isso como uma maneira de reduzir sua própria importância, um modo que Jesus tinha de indicar que era filho de um homem como qualquer outro, uma maneira de dizer que era simplesmente um ser humano.

Não obstante, na Bíblia há claras indicações de que o título significa algo mais preciso e significativo. No livro de *Daniel*, por exemplo, alguns pesquisadores crêem ver no termo uma maneira de referir-se ao próprio Israel, ainda que outros argumentem que tem um significado apocalíptico que aponta para o fim do mundo. Daniel tem uma visão do Filho do homem que lhe mostra o que acontecerá no dia do juízo final:

"Continuei olhando e vi que foram postos alguns tronos. Num deles, assentou-se aquele que sempre existiu. [...] Havia ali milhares de pessoas que adoravam aquele que estava sentado no trono, e muitos milhões estavam de pé na presença dele. Começou o julgamento, e foram abertos os livros. Continuei olhando, pois o chifre pequeno ainda estava dizendo palavras orgulhosas. E vi quando o quarto monstro foi morto; e o seu corpo foi despedaçado e jogado no fogo. Quanto aos outros monstros, o poder que tinham foi tirado deles, mas não foram mortos; foi dado a eles mais um pouco de tempo para viverem. Na mesma visão que tive naquela noite, vi um ser parecido com um homem, que vinha entre as nuvens do céu. Ele foi até o lugar onde estava aquele que sempre existiu e foi apresentado a ele. Deram-lhe o poder, a honra e a autoridade de rei, a fim de que os povos de todas as nações, línguas e raças o servissem."

DANIEL 7:9, 10, 13-14

Jesus utiliza o título "Filho do homem" várias vezes para indicar o que vai fazer no futuro. Algumas dessas ocasiões prefiguram seu próprio sofrimento e morte, mas outras, as situadas no final dos tempos, o mostram como uma figura redentora; um salvador, mas, ao mesmo tempo, um juiz.

Há outra escola de pensamento que proclama que o título "Filho do homem" é um adendo posterior às palavras de Jesus, obra de seus seguidores depois de sua crucificaçãoxão e ressurreição. Para abreviar, há estantes repletas de livros dedicados ao significado e implicações desse título, mas os pesquisadores foram incapazes de chegar a um consenso sobre o que pode significar.

Quem era Leviatã?

Apesar de a palavra "Leviatã" ser usada agora para se referir a qualquer besta ou máquina enorme, na Bíblia é empregada para designar um monstro específico, freqüentemente representado como uma espécie de dragão de várias cabeças. Como é explicado nos livros *Jó* e *Salmos*, o Leviatã era um monstro marinho.

Diabólico e rebelde, mora nas profundezas e alimenta-se de qualquer coisa, ou pessoa, que possa encontrar. Sua origem reside na antiga mitologia pagã, na qual confronta o poder dos deuses e acaba derrotado depois de longas batalhas.

Quando faz seu aparecimento na Bíblia, o monstro adquire uma relação mais complexa com Deus. O Deus de Israel é tão poderoso que trata a besta como se fosse um cãozinho de estimação, tal como é descrito nesta passagem do livro de *Jó*:

Uma representação do Leviatã, o legendário monstro marinho e símbolo da maldade.

"E, quanto ao monstro Leviatã, será que você pode pescá-lo com um anzol ou amarrar a sua língua com uma corda? Você é capaz de passar uma corda pelo nariz dele ou furar o seu queixo com um gancho? Será que ele vai pedir que você o solte ou implorar que tenha dó dele? Será que ele vai fazer um trato com você, prometendo trabalhar para você o resto da vida? Será que você vai brincar com ele, como se fosse um passarinho? Você vai amarrá-lo, a fim de servir como um brinquedo para as suas empregadas?"

JÓ 40:25-29

Leviatã é uma figura terrível para um homem comum, mas apenas um brinquedo para o Deus Onipotente. Mais adiante no Antigo Testamento, em *Isaías*, Leviatã converte-se em símbolo da maldade do povo de Israel. Assim que o monstro é derrotado, Israel pode ser redimido.

Em primeiro lugar, a mensagem dos milagres de Jesus, indicava que ele era um profeta como Elias; depois, um grande chefe militar como Moisés ou Josué. Ao perdoar os pecados do paralítico, estava agindo como se fosse o próprio Deus? Era um assunto que haveria mudado a perspectiva com a qual seus discípulos haviam considdderado outro dos signos que Jesus lhes havia mostrado: andar sobre as águas. andar sobre as águas. Quando o viram caminhar pelo Mar da Galiléia, e, portanto, sobre o Rio Jordão, devem haver ter pensado que estava representando o papel de Josué, que cruzou aquele rio para derrotar aos cananeus e conquistar a terra prometida. Se foram capazes de compreender que, ao perdoar os pecados do paralítico, Jesus se declarava Deus, talvez pudessem ver outro poderoso aspecto simbólico no ato de caminhar sobre as águas.

Jesus, conhecedor das antigas escrituras, estava sem dúvida familiarizado com a idéia de que o diabo habitava num inferno de chamas. Mas essas escrituras deixavam claro que o diabo tinha também uma segunda residência: o mar. Uma das representações mais evocativas do diabo na cultura judaica era Leviatã, um monstro que morava nas águas profundas. E essas antigas escrituras faziam mais do que descrever as profundezas abissais como um lugar habitado pelo diabo. Também especificavam quem regia esse domínio. *Jó* diz de Deus: “Ele desdobra os céus sem ajuda, ele esmaga o dorso do Mar.” Sem ajuda? Quando viram Jesus, agindo como se fosse Josué cruzando o Rio Jordão, aproximando-se de sua barca no Mar da Galiléia, a idéia de que este era um sinal de algo até mesmo maior deve haver ter cruzado surgido em sua cabeçamente. Se, ao andar sobre as águas profundas, Jesus estava simbolicamente pisoteando o diabo que habitava nelas, então agia como se fosse Deus.

Isto levanta uma pergunta crucial. Até que ponto Jesus estava consciente de que seus milagres representavam sinais? O que se passava por sua cabeçaem sua mente? Via a si mesmo como um profeta, o novo Elias? Como um salvador militar ao estilo de Moisés e Josué? Ou via-se como Deus? Até que ponto era consciente de seu próprio papel e identidade?

Para responder a estas perguntas, precisamos compreender a linguagem das curas e dos exorcismos. Teremos também que decifrá-los, explorando a mente dos judeus do século I.

Capítulo 6

Quem Jesus acreditava que era?

Os cristãos sempre acreditaram sempre que Jesus era o filho único de Deus. E presumem que Jesus achava a mesma coisapensava o mesmo. Mas, até que ponto é válido presumir isso? Quem Jesus acreditava que era? Interpretando os relatos bíblicos e seguindo a pista a de seus milagres, os teólogos tentaram dar uma resposta a esta pergunta: Jesus acreditava que era o único filho de Deus?

Partidários e inimigos de Jesus estavam de acordo numa coisa: Jesus podia realizar milagres. Orígenes, o teólogo, citava um autor pagão do princípio do século II, Celso, a propósito de Jesus como ser um realizador de milagres, e o *Testimonium Flavanium* de Josefo também os menciona. Nos evangelhos apócrifos, tal como o Evangelho da Infância, de Tomás, são encontradas descrições, com freqüência extravagantes, de Jesus realizando milagres quando ainda era um menino. Como vimos, no mundo judaico da época de Jesus era um mundo no qual o sobrenatural era algo moeda correntecomum. Para as pessoas daquele tempo, os milagres faziam parte da vida cotidiana.

Tanto era assim, que, de fato, não era a capacidade de Jesus de realizar coisas assim desse tipoo que deixava seus contemporâneos judeus assombrados. Após tudo, no o século I transbordava de charlatães e magos, e mesmo no afastado rincão da Galiléia Jesus não era a única personagem carismática. O historiador Josefo cita duas personagens, Haninah Ben Dosa e Honi, o Desenhista de Círculos, como exemplos de outros charlatães no terreno ambiente de Jesus. O que realmente surpreendia aos que presenciaram os milagres de Jesus era o fato de que eram sinais, sinais e prenhes repletos de um profundo sentido.

Até agora temos visto observado que esses signos revelam que Jesus foi visto por seus contemporâneos como o salvador aguardado. Mas a identidade exata desse salvador não ficou tão clara. Alguns milagres o apresentavam como um grande profeta à altura de Elias, anunciando uma nova era de paz e prosperidade. Outros o mostram como um tipo de líder político como Moisés, ou um guerreiro almejado como Josué. Talvez Jesus fosse o tão aguardado Messias que libertaria os judeus do jugo romano.

No entanto, outro famoso milagre dá-nos um vislumbre de uma terceira possibilidade: a de que Jesus se visse considerassecomo mais que um profeta, líder ou guerreiro.

Quando Jesus e seus discípulos iniciaram uma de suas muitas viagens através do Mar da Galiléia, toparam com um violento e inesperado problema, segundo conta o Evangelho de Marcos:

"Naquele dia, de tardinha, Jesus disse aos discípulos: 'Vamos para o outro lado do lago.' Então eles deixaram o povo ali, subiram no barco em que Jesus estava e foram com ele; e outros barcos o acompanharam. De repente, começou a soprar um vento muito forte, e as ondas arrebentavam com tanta força em cima do barco, que ele já estava ficando cheio de água."

MARCOS 4:35-37

Reconstituição da tempestade no Mar da Galiléia.

Não há dúvida de que até aqui a história parece verídica. Na região, durante o inverno, ao cair da noite no inverno são freqüentes as tempestades súbitas vindas do Leste. Os pescadores locais as chamam de *sharkia*, "tubarão" em árabe. Os discípulos temem por suas vidas. Jesus se esforça para salvar a embarcação? Isso não é o que nos diz a Bíblia.

Reconstituição de Jesus dominando a tempestade.

"Jesus estava dormindo na parte detrás do barco, com a cabeça numa almofada. Então os discípulos o acordaram e disseram: 'Mestre! Nós vamos morrer! O senhor não se importa com isso?' Então ele se levantou, falou duro com o vento e disse ao lago: 'Silêncio! Fique quieto!' O vento parou, e tudo ficou calmo. 'Por que é que vocês são assim tão medrosos? Vocês ainda não têm fé?' E os discípulos, cheios de medo, diziam uns aos outros: 'Que homem é este que manda até no vento e nas ondas?!'"

MARCOS 4:38-41

É o ato de alguém dotado de um incrível poder, e faz com que os discípulos se perguntem quem afinal pode ser Jesus. Não é surpreendente que a Bíblia explique que ficaram assombrados. Ao que parece, Jesus pode controlar os próprios elementos...

"*Que homem é este que manda até no vento e nas ondas?!*"

Naturalmente, de onde nos encontramos, com uma perspectiva científica atual, a pergunta fascinante é: o que realmente aconteceu? Talvez, de todo modo, a tempestade estivesse a ponto de terminar, e o "milagre" só coincidiu com isso.

Mas para interpretar o milagre como um sinal, precisamos interpretar o significado do acontecimento, mais que o próprio evento. Esse significado foi o que deixou admirados os discípulos. Era mais que chocante; era perturbador.

De novo mais uma vez, a chave para decifrar o significado da maneira de agir de Jesus é precisao se buscadaprocurar nas antigas profecias judaicas, profecias aquela que os discípulos ouviram quando eram crianças e que, depois, aprenderam de cor. Segundo esses antigos textos, existia apenas uma pessoa capaz de controlar os mares enfurecidos: o próprio Deus.

Uma passagem dos *Salmos* lembra ocasiões na história judaica quando Deus utilizou seu poder para resgatar seu povo, e o modo como utilizou seu poder lembra surpreendentemente o modoa maneira como Jesus utilizou usou o seu naquele dia no Mar da Galiléia.

Os Salmos

Salmos é um dos livros mais amados da Bíblia, sagrado tanto para os cristãos quanto para os judeus. É um de seus livros mais longos e abrange 150 canções ou poemas que evocam ou expressam uma ampla gama de emoções para Deus, do desespero e da saudade, ao tédio, à vingança, ao amor, ao conformismo, ao elogio e ao arrependimento.

Tradicionalmente, são atribuídos a Davi, o grande rei do Israel da Antiguidade, lendário matador de gigantes, guerreiro, poeta, músico e líder político. De fato, alguns dos salmos parecem preces pessoais, e alguns sugerem acontecimentos da vida de Davi.

Os pesquisadores bíblicos crêem agora que os Salmos foram escritos como obras de adoração, para ser usadas no culto comunitário. Neste sentido, não eram tanto em uma coleção de poemas quanto nem um livro de orações que incluía hinos para diferentes ocasiões e que utilizava termos genéricos como "inimigos" para que fossem apropriados para diferentes grupos de fiéis em momentos diferentes.

Para os cristãos, os Salmos sempre foram o livro preferido do Antigo Testamento, ao que parece, desde os primeiros tempos. Jesus e seus discípulos claramente conheciam os Salmos de cor e os citavam freqüentemente.

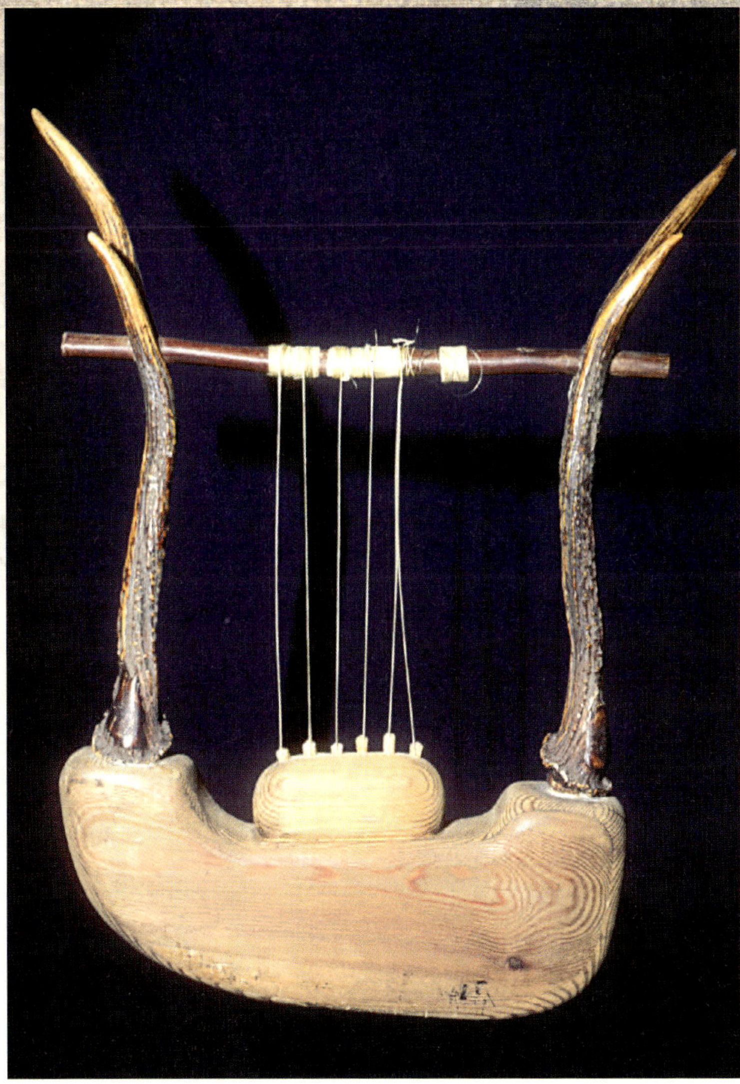

Os Salmos são poemas escritos para ser cantados. A lira era o instrumento que se utilizava para acompanhar seu canto, nos tempos do Antigo Testamento.

O salmo descreve como o povo de Deus estava preso em seus barcos durante uma tempestade quando pediram sua ajuda, e como Deus deteve o vento e acalmou as ondas.

"Fizeram-se ao mar com seus navios,
comerciando por todo o oceano,
e viram as obras de Javé,
todas suas maravilhas no oceano."

A expulsão do Templo

Muitos teólogos consideram que quando Jesus expulsou os cambistas de dinheiro do Templo, iniciou o processo que culminou com sua detenção, julgamento e execução.

Os cambistas do Templo eram encarregados de cobrar os impostos religiosos dos peregrinos e dedicavam-se também ao comércio de aves e animais para o sacrifício. Nos relatos evangélicos, Jesus confronta-os pouco depois de chegar a Jerusalém e ir ao Templo, o coração religioso do povo judeu.

Jesus entrou no pátio do Templo e expulsou todos os que compravam e vendiam naquele lugar. Derrubou as mesas dos que trocavam dinheiro e as cadeiras dos que vendiam pombas. Ele lhes disse: "Nas Escrituras Sagradas está escrito que Deus disse o seguinte: 'A minha casa será chamada de Casa de Oração. Mas vocês a transformaram num esconderijo de ladrões'."

MATEUS 21:12-14

Na praça de um simples vilarejo qualquer teria sido um ato incendiário, mas o que fez Jesus no Templo de Jerusalém constituía um tremendo ato de sedição. E fazê-lo durante a Páscoa judaica, a festividade mais importante do ano, com a cidade transbordante de peregrinos ressentidos pela ocupação romana, só contribuía para difundi-lo ainda maisaumentar sua ressonância.

Se isso se soma à entrada, profundamente simbólica, de Jesus em Jerusalém montado num asno e sua crescente fama de agitador, pregador e curandeiro, parece inevitável que o peso da lei caísse em cima dsobre ele.

Uma esquina da plataforma do Templo em Jerusalém

Os evangelhos contam que quando Jesus foi batizado aconteceu algo extraordinário. Assim é como Mateus conta:

"Naqueles dias, Jesus foi da Galiléia até o Rio Jordão a fim de ser batizado por João Batista. Mas João tentou convencê-lo a mudar de idéia, dizendo assim: 'Eu é que preciso ser batizado por você, e você está querendo que eu o batize?' Mas Jesus respondeu: 'Deixe que seja assim agora, pois é dessa maneira que faremos tudo o que Deus quer.' E João concordou.

Logo que foi batizado, Jesus saiu da água. O céu se abriu, e Jesus viu o Espírito de Deus descer como uma pomba e pousar sobre ele. E do céu veio uma voz, que disse: 'Este é o meu Filho querido, que me dá muita alegria!'"

MATEUS 3:13-17

O batismo foi um ponto decisivo na vida de Jesus. Na verdade, seu ministério começou aí. Mas, o que foi nessa experiência que o transformou de um camponês da Galiléia num homem com um forte sentido de sua missão?

Os antropólogos observaram nos desertos da Judéia uma experiência intensa que muitas pessoas consideram uma vivência mística ou religiosa. Um indivíduo entra num estado parecido com um transe e declara que está dominado por uma força espiritual dentro de si. Mas em muitos casos essa força espiritual manifesta-se como uma pessoa e é isto o que a torna distintiva. Em outras culturas do mundo têm-se documentado e estudado experiências similares. O que todas elas parecem ter em comum é um sentimento da presença próxima de Deus.

Talvez para Jesus o momento do batismo fosse algo mais que um emocionante rito de passagem. É possível que nesse momento Jesus experimentasse um poderoso sentido de relação íntima com Deus e que sentisse que fora escolhido para propósito determinado. Pelo menos é isso o que sugere exatamente o relato bíblico. Sublinham que viu como o céu se rasgava e que o espírito de Deus pousava sobre ele em forma de pomba.

"E ouviu-se uma voz que vinha dos céus:
'Tu és o meu Filho querido e me dás muita alegria.'"

MARCOS 1:11

Se o sentimento de ser escolhido para uma missão estava no centro do batismo de Jesus, isto explicaria por que no milagre de acalmar a tempestade pareceu estar agindo como se fosse Deus.

A morte de João Batista

João Batista é uma figura essencial na história do cristianismo. Precursor de Jesus e o único homem digno de batizá-lo, João foi executado por ordem do rei Herodes. Eis aqui o relato dos acontecimentos que desembocaram culminaram em sua morte:

"Pois tinha sido Herodes mesmo quem havia mandado prender João, amarrar as suas mãos e jogá-lo na cadeia. Ele havia feito isso por causa de Herodias, com quem havia casado, embora ela fosse esposa do seu irmão Filipe. Por isso João tinha dito muitas vezes a Herodes: 'Pela nossa Lei você é proibido de casar com a esposa do seu irmão!'

Herodias estava furiosa com João e queria matá-lo. Mas não podia porque Herodes tinha medo dele, pois sabia que ele era um homem bom e dedicado a Deus. Por isso Herodes protegia João. E, quando o ouvia falar, ficava sem saber o que fazer, mas mesmo assim gostava de escutá-lo.

Porém no dia do aniversário de Herodes apareceu a ocasião que Herodias estava esperando. Nesse dia Herodes deu um banquete para as pessoas importantes do seu governo: altos funcionários, chefes militares e autoridades da Galiléia. Durante o banquete a filha de Herodias entrou no salão e dançou. Herodes e os seus convidados gostaram muito da dança. Então o rei disse à moça: 'Peça o que quiser, e eu lhe darei.'

E jurou: 'Prometo que darei o que você pedir, mesmo que seja a metade do meu reino!'

Ela foi perguntar à sua mãe o que devia pedir. E a mãe respondeu: 'Peça a cabeça de João Batista.'

Representação de João Batista, o precursor de Jesus

No mesmo instante a moça voltou depressa aonde estava o rei e pediu: 'Quero a cabeça de João Batista num prato, agora mesmo!'

Herodes ficou muito triste, mas, por causa do juramento que havia feito na frente dos convidados, não pôde deixar de atender o pedido da moça. Mandou imediatamente um soldado da guarda trazer a cabeça de João. O soldado foi à cadeia, cortou a cabeça de João, pôs num prato e deu à moça. E ela a entregou à sua mãe. Quando os discípulos de João souberam disso, vieram, levaram o corpo dele e o sepultaram."

MARCOS 6:17-29

Batismo

O batismo é um dos princípios centrais da doutrina e do ritual do cristianismo. Algumas denominações, como o anglicanismo ou o catolicismo romano, batizam os recém-nascidos ou os meninos de pouca idade, baseando-se em que não devem ser excluídos do rito central de admissão na comunidade cristã.

Os votos e compromissos que os pais e padrinhos fazem em nome do bebê são normalmente retomados pessoalmente por ele ou por ela ao chegar à adolescência e "confirmar" os juramentos batismais em outra cerimônia.

Em algumas denominações protestantes, especialmente entre os batistas, este ato central de renovação e de voltar a nascer requer um compromisso de adulto para ser considerado válido. Nessas tradições, o batismo e a confirmação reúnem-se num único ato, que culmina na imersão total do fiel numa piscina ou batistério.

Algumas vezes, seguindo os relatos evangélicos do batismo de Jesus no Rio Jordão, essa imersão total é realizada num rio ou no mar. O batismo infantil caracteriza-se normalmente por um emprego mais simbólico da água, que é derramada sobre a cabeça do bebê, fazendo o sinal- da- cruz.

A origem do rito batismal deve ser buscada nas práticas de algumas antigas seitas judias, embora existissem cerimônias de purificação similares no mitraísmo e em algumas outras tradições pagãs.

O batismo de Jesus, um tema recorrente na iconografia cristã, é representado de modo diferente nas tradições orientais e ocidentais. Nestas últimas, Jesus costuma estar de pé dentro de um rio raso, enquanto João derrama água sobre sua cabeça. Nas tradições ortodoxas o batismo de Jesus é representado como um ato de imersão total nas águas.

Reconstituição do batismo de Jesus por João.

E seria outra pista- chave para tentar compreender como Jesus via a si mesmo.

Ninguém se comporta como se fosse Deus a não ser que sinta uma identificação íntima com ele. Foi no momento do batismo que Jesus assumiu sua verdadeira identidade como Filho de Deus? Foi este o claro ponto de bifurcação de sua vida? Saiu do Rio Jordão com um sentido nítido de seus propósitos, comportando-se consistentemente como se fosse Deus a partir daquele momento? Não é tão simples.

O terreno agreste do deserto da Judéia

O deserto na tradição cristã

"Nos anos no deserto", "travessia do deserto"... Hoje em dia, a palavra "deserto" é usada normalmente para referir-se ao exílio social, ou a um breve hiato na brilhante carreira de alguém famoso. É uma imagem poderosa, um termo que conjura visões de um lugar selvagem, de climas extremos, desprovido de água e de alimento. Sobretudo, implica noções de solidão, dureza e desafio. No mundo real, representa um panorama árido. No entanto, na tradição cristã, a vida no deserto tem dois gumes.

Quando Jesus, depois de seu batismo, entrou no deserto, este era certamente um lugar de sofrimento e tentação. Segundo o relato evangélico, foi tentado ali pelo diabo e, de algum modo, isso faz certo sentido. Que lugar melhor para tentar a um homem perseverante que um lugar onde se encontre sozinho, acalorado, faminto e sedento, desprovido de todos os confortos habituais? Mas Jesus ia freqüentemente a um lugar assim para rezar e sentir-se só com Deus, e vemos como, logo que superou a tentação do diabo, ressurge no mundo e inicia seu ministério.

O deserto ocupa um lugar intenso e profundo na história judaica. Em sua viagem do Egito para a terra prometida sob o comando de Moisés, os hebreus passaram anos nos áridos, vazios e inóspitos lugares do Sinai. Ali firmaram os alicerces de uma nação, uma religião e um povo.

Para os essênios que redigiram os Pergaminhos do Mar Morto, para João Batista e o próprio Jesus, o deserto era um lugar de provação, mas também um lugar de revelação.

Nos primeiros séculos da Igreja cristã, muitos homens e mulheres santos abraçaram o "deserto" como um modo de seguir o exemplo de Cristo e de se aproximar de Deus. No século III, Santo Antônio do Egito livrou-se de todos os bens materiais e foi viver no deserto, para jejuar, rezar e lutar contra o demônio. Sua influência foi tamanha que foi seguido por muitos discípulos, e Santo Antônio tornou-se um dos pais fundadores do movimento da vida monástica.

Ao longo da história do cristianismo, outros imitaram Cristo e foram ao "deserto", tanto faz se este estava nas areias do Egito ou na beleza descarnada da Ilha Iona de São Columba, em frente à costa ocidental da Escócia, onde o "deserto" assume a forma de penhascos de ardósia cinzenta, batidos por um mar gélido.

Capítulo 8

A batalha entre Deus e o diabo?

Às margens do Mar da Galiléia encontra-se um lugar associado a um dos mais espetaculares milagres de Jesus. Hoje em dia, esse povoado chama-se Cursi, mas na época de Jesus era conhecido como Gerasa. Não era um vilarejo judaico; na verdade, esperava-se que judeus devotos não fossem ali. Não obstante, diz-se que foi neste lugar que Jesus encontrou um homem possuído por demônios abomináveis.

Uma placa de pedra calcária do século V. Servia para proteger contra os demônios.

As escrituras dizem que esse homem, que vivia nas grutas e tumbas que havia ali, era atormentado por espíritos malignos. De fato, dizem que eram tantos os demônios dentro dele, que se chamavam "Multidão". No mundo judaico do século I, os endemoninhados eram marginalizados sociais, obrigados a viver fora dos limites dos povoados. Considerava-se que o contato com tais pessoas tornava os outros impuros.

Não só isso, viver num lugar com tumbas implicava estar perto de cadáveres, algo que os judeus devotos evitavam por medo de se contaminar.

Para um judeu do século I, esse era um lugar tão distante de seu povoado quanto seria possível. Ali, Jesus encontrava-se cercado de forças consideradas inimigas de Javé e do povo judeu. Estava numa situação muito perigosa. Apesar disso, Jesus surpreendentemente decidiu se aproximar do homem. E não só isto: decidiu ajudá-lo.

"Jesus e os discípulos chegaram à região de Gerasa, no lado leste do lago da Galiléia. Assim que Jesus saiu do barco, foi encontrar-se com ele um homem que estava dominado por um espírito mau. O homem vinha do cemitério, onde estava morando. Ninguém conseguia prendê-lo, nem mesmo usando correntes. Muitas vezes já tinham amarrado as suas mãos e os seus pés com correntes de ferro, mas ele quebrava tudo, e ninguém conseguia dominá-lo. Passava os dias e as noites nos montes e entre os túmulos, gritando e se imolando com pedras.

A crença nos demônios

No judaísmo do século I e nos primeiros tempos do cristianismo, era crença comum que os espíritos malignos podiam se apoderar de uma pessoa e lhe provocar doenças mentais e físicas, com sintomas que agora associamos sobretudo à epilepsia. Através de exorcismos, que freqüentemente adotavam a forma de exortações ou imprecações, era possível expulsar o demônio e curar o paciente.

O termo "demônio" é utilizado 63 vezes no Novo Testamento, principalmente nos evangelhos de Marcos, Mateus e Lucas. São descritos freqüentemente como espíritos "impuros" ou "diabólicos". Naquele tempo, achava-se que os demônios viviam sobretudo nos desertos e eram responsabilizados pelas doenças e pelos desastres naturais. No Antigo Testamento descrevem-se freqüentemente esses efeitos: pragas no livro de Oséias, terrores na escuridão nos Salmos, e frio extremo em Isaías.

Achava-se que os demônios afetavam de um modo intenso a saúde dos seres humanos, algo que é descrito nas escrituras. O capítulo 8 de Mateus, o 8 de Lucas e o 5 de Marcos descrevem demônios que provocam comportamentos violentos e irracionais nas pessoas. Mateus, Marcos e Lucas atribuem também episódios de surdez, mutismo e cegueira à possessão demoníaca. Quando esta é descrita, seus efeitos são claros, violentos e, com freqüência, duradouros. Mateus descreve casos de pessoas possuídas que chegam ao ponto de autodestruir-se.

Apesar de não se considerar que tivessem "voz", admitia-se que os demônios pudessem se expressar através da pessoa possuída, como no caso de Gerasa. Utilizando uma voz humana, os demônios podiam implorar por seu destino quando um exorcista os enfrentava. Além de sua capacidade de "falar", achava-se que os demônios podiam controlar o corpo de uma pessoa, incrementando sua força normal e resistindo fisicamente a qualquer tentativa de expulsão.

Ele viu Jesus de longe, correu, caiu de joelhos diante dele e gritou: 'Jesus, Filho do Deus Altíssimo! O que o senhor quer de mim? Em nome de Deus eu peço: não me castigue!'"

Ele disse isso porque Jesus havia mandado: "Espírito mau, saia desse homem!" E Jesus perguntou: "Como é que você se chama?" Ele respondeu: "O meu nome é Multidão, porque somos muitos." E pedia com muita insistência a Jesus que não os expulsassem daquela região. Acontece que num morro perto dali havia muitos porcos comendo. Os espíritos pediram a Jesus com insistência: "Nos mande ficar naqueles porcos; nos deixe entrar neles!" Ele deixou, e os espíritos saíram do homem e entraram nos porcos. E estes, que eram quase dois mil, se atiraram morro abaixo, para dentro do mar, e se afogaram. Os homens que estavam tomando conta dos porcos fugiram e espalharam a notícia na cidade e nos campos. Muita gente foi ver o que havia acontecido.

Quando chegaram perto de Jesus, viram o homem que antes estava dominado por demônios; e ficaram espantados porque ele estava sentado, vestido e em seu perfeito juízo.

Os que tinham visto tudo aquilo lhes contaram o que havia acontecido com o homem e com os porcos. Então começaram a pedir com insistência a Jesus que saísse da terra deles."

MARCOS 5:1-17

Reconstituição de Jesus expulsando a "Multidão"

Mesmo em nossos dias continuam sendo praticados exorcismos, embora sejam algo polêmico. Há quem suponha que os possuídos não são vítimas dos demônios, ma sim que sofrem do que poderíamos denominar depressões ou doenças mentais. Para eles, um "exorcismo" não é um fenômeno sobrenatural de modo algum; é simplesmente o momento em que se resolve um problema. Talvez o gesto de Jesus tivesse mais a ver com sua empatia com o pobre homem que com poderes sobrenaturais. Talvez o milagre residisse no fato de reconhecer um homem que sofria, um marginalizado pela sociedade, e se aproximar dele.

Mas seja o que for que tenha acontecido naquele dia em Gerasa, esse milagre teve significado maior para aqueles que o presenciaram que para o infeliz cujo espírito foi libertado de seu tormento. E, para o próprio Jesus, deve haver assinalado algo mais profundo a respeito de sua identidade.

Há um sinal no estranho destino dos demônios. Quando abandonaram o possuído, não desapareceram simplesmente. Foi dito que entraram nos corpos de uma vara de porcos que pastavam nas proximidades. Os animais assustados pularam então no mar de um penhasco. E isto, para quem estava presenciando o acontecimento, pareceria perfeitamente lógico.

Os judeus do século I estavam familiarizados com as antigas escrituras, portanto sabiam que o mar era a morada de Satã. Se os porcos estavam possuídos pelos espíritos malignos, naturalmente se atirariam às águas; isto é, os demônios regressariam a seu hábitat natural.

Ao que parece, em Gerasa, Jesus enfrentou os esbirros de Satã e venceu. Para os discípulos, essa vitória estava cheia de sentido. Sabiam que triunfar sobre o maligno não estava ao alcance de qualquer um. Eles, como muitos outros de seus correligionários judeus, quando se tratava do modo como se podia derrotar os demônios, tinham idéias muito claras.

Os Pergaminhos do Mar Morto, documentos redigidos por membros da comunidade monástica dos essênios, são uma valiosíssima fonte de informação e entendimento para os teólogos que tentam decifrar as crenças e expectativas dos judeus do século I.

Como já vimos, quando os pergaminhos foram recompostos e traduzidos, descobriu-se que seus redatores esperavam a vitória iminente do bem sobre o mal.

Levavam séculos vivendo sob a opressão. No passado, haviam sido conquistados por potências estrangeiras que os haviam levado ao exílio, e agora eram governados por romanos que sufocavam brutalmente qualquer tentativa de sedição. Os judeus achavam que Roma era a representante de Satã na terra; e a dominação romana, a prova de que o mal havia fincado raízes em sua terra.

Não é, portanto, surpreendente que os pergaminhos essênios revelem uma forte esperança de que o mal seja vencido. Por isto se entendia, naturalmente, o mal político e militar do Império Romano, mas também o mal das forças sobrenaturais, como os demônios que possuíam o homem de Gerasa.

Segundo esses pergaminhos, só existia um poder suficientemente altivo para conseguir a vitória final sobre o mal: a força mais poderosa do universo, o próprio Deus.

Isto é, ao enfrentar os demônios de Gerasa e atirá-los ao mar, Jesus estava sugerindo que era Deus? Nesse ponto de seu ministério, ele tinha um sentido claro de sua identidade?

A primeira vista parece arriscado afirmar que um só ato pudesse ter tanto significado. Afinal de contas, Jesus unicamente havia realizado um exorcismo, e os exorcismos eram moeda corrente no

Os exorcistas no judaísmo do século I

Jesus não era o único exorcista em atividade no seu tempo. As escrituras deixam claro que alguns dos fariseus e seus discípulos também eram exorcistas, mas no Novo Testamento, nos Atos dos Apóstolos, condenam-se os demais exorcistas judeus por não agirem sob a mesma autoridade que Jesus. No capítulo 9 de Marcos, ele relata um debate entre Jesus e algum de seus discípulos sobre este assunto. *"Mestre", disse-lhe João, "vimos alguém que expulsava demônios em teu nome e não vem conosco, e tratamos de impedi-lo porque não vinha conosco." "Não o impeçam", disse Jesus, "pois não há ninguém que faça um milagre invocando meu nome e que depois seja capaz de falar mal de mim. Pois quem não está contra nós, está por nós."*

Entre os pergaminhos descobertos nas grutas do Mar Morto há vários que se referem a exorcismos. A chamada "Prece de Nabonidus" descreve como Nabuani, rei da Babilônia, que sofria de uma úlcera maligna havia sete anos, foi curado por um exorcista judeu.

século I. Ao atirar uns quantos demônios ao mar, Jesus não estava encenando uma batalha monumental contra Satã.

E se o exorcismo de Gerasa fizesse parte de uma perspectiva maior? E se essa não fosse a única vez que Jesus enfrentou os poderes malignos que viviam sob a superfície das águas?

Ao procurar uma pauta assim nos vemos direcionados de novo a um dos milagres mais espetaculares contados na Bíblia, quando Jesus caminhou sobre as águas. Seria uma proeza incrível, um desafio às leis da física, mas, como vimos em muitos outros dos milagres de Jesus, o poder simbólico desse ato era igualmente terrível e evocativo. Ao andar sobre o mar, Jesus estava pisoteando o mal.

Com sua vitória sobre os demônios de Gerasa, ao enviá-los às profundidades abismais, começa a vislumbrar-se um padrão, e este sugere que Jesus estava deliberadamente agindo como se fosse Deus.

Muito conscientes de que na sociedade judaica era escandaloso que um mero mortal sugerisse que era Deus na terra, os discípulos devem ter analisado os fatos. Como podiam estar certos do significado que encerravam os atos de seu mestre? Com todo o que estava em jogo, Jesus estava realmente se apresentando em público como Deus?

Os Pergaminhos do Mar Morto sugerem que houve mais sinais que indicaram aos seguidores de Jesus que Deus estava agindo no mundo. Não se tratava apenas de se enfrentar o diabo em sua morada aquática. De fato, os judeus estavam alerta para detectar outros sinais que os convencessem de que Jesus achava que era Deus.

Ilustração (páginas seguintes)
O Mar da Galiléia visto de Golã

Os exorcismos de Jesus

Segundo as escrituras, para liberar alguém do tormento de uma possessão demoníaca, Jesus não utilizava técnicas esotéricas. Simplesmente tinha o poder de expulsar os espíritos malignos.

Os demais exorcistas judeus utilizavam métodos mágicos ou feitiços especiais para conseguir isso, mas Jesus simplesmente utilizava sua autoridade para ordenar-lhe: "Sai desse homem!"

Tal como é relatado, os demônios imediatamente entendiam e acatavam o poder que Jesus tinha sobre eles, um poder que era interpretado como um sinal do reino de Deus irrompendo no aqui e agora, e como um presságio de sua vitória final sobre o mal. Mateus, Marcos e Lucas descrevem que Jesus transmitiu esse poder a seus discípulos, e o ministério de exorcizar continuou através da história da Igreja cristã. Apesar de a Igreja moderna não se utilizar muito da expressão "possessão demoníaca", ainda há cristãos que crêem nisso e que praticam exorcismos.

Capítulo 9

Volta ao Éden?

Um dos lugares bíblicos mais conhecidos é Caná. Os eruditos ainda não estão de acordo sobre em que lugar preciso se encontrava esse vilarejo da Galiléia do século I, mas o milagre que se diz que Jesus efetuou ali passou a fazer parte do acervo popular, contado e pregado em inumeráveis casamentos. A singeleza e alegria desse milagre de Jesus converteram-no num prodígio que muitos desde então tentaram imitar. O Evangelho de João o descreve.

"Dois dias depois, houve um casamento no povoado de Caná, na região da Galiléia, e a mãe de Jesus estava ali. Jesus e os seus discípulos também tinham sido convidados para o casamento. Quando acabou o vinho, a mãe de Jesus lhe disse: 'O vinho acabou'. Jesus respondeu: 'Não é preciso que a senhora diga o que eu devo fazer. Ainda não chegou a minha hora'. Então ela disse aos empregados: 'Façam o que ele mandar'.

Ali perto estavam seis potes de pedra; em cada um cabiam entre oitenta e cento e vinte litros de água. Os judeus usavam a água que guardavam nesses potes nas suas cerimônias de purificação. Jesus disse aos empregados: 'Encham de água estes potes'. E eles os encheram até a boca. Em seguida Jesus mandou: 'Agora tirem um pouco da água destes potes e levem ao dirigente da festa'. E eles levaram. Então o dirigente da festa provou a água, e a água tinha virado vinho. Ele não sabia de onde tinha vindo aquele vinho, mas os empregados sabiam. Por isso ele chamou o noivo e disse: 'Todos costumam servir primeiro o vinho bom e, depois que os convidados já beberam muito, servem o vinho comum. Mas você guardou até agora o melhor vinho.'"

JOÃO 2:1-10

Tal como é contada por João, a história está cheia de ressonâncias modernas. Assim como hoje em dia, os casamentos judeus do século I eram motivo de celebração e todos os habitantes da aldeia eram convidados para o banquete. Isto podia chegar a representar um número considerável de comensais. De maneira que talvez não tenha nada de surpreendente que acabasse o vinho do anfitrião. A reação de Jesus parece espontânea e razoável, e "transformar a água em vinho" é uma frase que ainda hoje se usa para denotar abundância e generosidade.

O texto registra que, como resultado desse milagre, "os discípulos acreditaram nele". Evidentemente, os céticos poderão argumentar que Jesus simplesmente realizou uma prestidigitação, mesmo admitindo, de má vontade, que o truque foi espetacular. Mas se foi só isso, o artifício teve alguns elementos estranhos. Os prestidigitadores gostam de surpreender seu público, mas Jesus não conta a ninguém o que fez. Apenas os discípulos observam o que faz. Isso dificilmente pode se encaixar no modo de agir de um ator.

A festa de Caná

Uma das possíveis localizações de Caná, onde Jesus transformou a água em vinho.

Os arqueólogos identificaram três lugares como possíveis sítios arqueológicos da Caná bíblica; dois em Israel e um no Líbano. Cada um tem seus defensores acadêmicos e sua parte no mercado de peregrinações turísticas. Os relatos bíblicos parecem apontar que Caná estaria perto da casa de Jesus, de sua mãe e dos discípulos.

Durante longo tempo discutiu-se sobre a identidade do casal cujo casamento foi celebrado tão generosamente em Caná. O fato de que Maria, mãe de Jesus, considerasse necessário intervir diante de seu filho para que este solucionasse o problema de intendência parece sugerir que sentia uma responsabilidade familiar. Foi esse um casamento dentro do círculo familiar de Jesus e de Maria?

Parece que isso poderia ser presumido sem grande risco, mas qualquer passo adiante, qualquer tentativa de dar um nome ao casal de noivos seria pura especulação. O autor do relato evangélico não tem interesse nas filiações dos desposados e não dá nenhuma pista digna do nome.

Algumas das teorias mais extraordinárias tentaram identificar a noiva como Maria Madalena, e o noivo como o próprio João, o evangelista, ou inclusive Jesus.

Reconstituição do casamento em Caná

Mas talvez não nos deva surpreender que Jesus mantivesse em segredo seu milagre. Para alguns espectadores do século XXI, implicaria bem mais que a alquimia de transformar um líquido em outro líquido. Mais uma vez, este milagre apresenta um prodigioso poder simbólico. O que Jesus fez revelou até mais explicitamente quem ele achava que era.

No Evangelho de João assegura-se que as tinas de água ficaram cheias até transbordar de vinho novo. O milagre produziu quantidades assombrosas de vinho; de fato, calculou-se que uns quinhentos litros.

Mas, assim como quando alimentou cinco mil pessoas, essa abundância tinha um significado simbólico. Com certeza, os discípulos estariam familiarizados com as profecias judaicas que descreviam uma época em que tamanha abundância seria algo normal. Um tempo em que haveria comida abundante para todos e terminariam as doenças e as indignidades. Esse era o tempo que todos esperavam, quando o império de Satã seria substituído pelo Reino de Deus. Seria nada menos que o regresso ao Éden. E estava

claro nas escrituras (como está claro nos Pergaminhos do Mar Morto) que só um ser traria essa época de abundância: Deus.

Ao materializar tão grande quantidade de vinho, mais uma vez, Jesus estava agindo simbolicamente, enviando um sinal a seus discípulos: estava começando uma nova idade de paz e prosperidade. E era sua missão anunciá-la, já que com ele se iniciava o regresso ao paraíso. Não há nada de estranho que as escrituras digam que os discípulos acreditaram.

Transformar a água em vinho, caminhar sobre o mar, exorcizar demônios; esses eram atos de um homem que estava seguro de sua identidade. Mais ainda, eram atos que, para os judeus do século I, só Deus podia realizar.

Mas justo quando seus atônitos discípulos começam a pensar que o sentido dos milagres se vislumbra claramente, Jesus faz algo que os faz duvidar. Se está agindo deliberadamente como se fosse Deus, a partir desse momento não é o Deus que os discípulos acreditavam conhecer.

Segundo os autores dos evangelhos, seu milagre seguinte desafia inclusive a própria percepção de Jesus sobre o que está realizando.

Casamentos judaicos no século I

Os especialistas acreditam, visto que não há dados que avalizem a celebração de cerimônias religiosas, que no século I os casamentos provavelmente consistiam em atos puramente jurídicos ou sociais.

Redigia-se um contrato para que ambas as partes o assinassem, e esse ato marcava o início do casamento. A noiva abandonava então o seu lar e mudava-se para a casa do noivo acompanhada por um grupo de amigos e familiares. Na casa do noivo, o casal trocava votos matrimoniais e, depois de realizados os votos, começava a comemoração.

Como na maioria das recepções modernas, a festa se concentrava num banquete, com música, dança e, como é crucial para esta história, bebida. Essas celebrações matrimoniais caracterizavam-se também pela declamação de poemas amorosos. Na época de Jesus, elas costumavam durar numa semana inteira, o que explica por que o vinho acabou.

A família e os amigos do anfitrião forneciam de sua própria despensa a comida e a bebida para os convidados, já que não existia a "hotelaria" no sentido moderno do termo.

Éden

"Depois o Senhor Deus plantou um jardim na região do Éden, no Leste, e ali pôs o ser humano que ele havia formado. O Senhor fez com que ali crescessem árvores lindas de todos os tipos, que davam frutas boas de se comer. No meio do jardim ficava a árvore que dá vida e também a árvore que dá o conhecimento do bem e do mal. No Éden nascia um rio que regava o jardim e que, saindo dali, se dividia, formando quatro rios. O primeiro é o Pisom, que rodeia a região de Havilá, onde há ouro. O ouro dessa região é puro, e ali também há um perfume raro e pedras preciosas. O segundo rio se chama Giom; ele dá volta por toda a região de Cuche. O terceiro rio é o Tigre, que passa a leste da Assíria. E o quarto rio é o Eufrates. Então o Senhor Deus pôs o homem no jardim do Éden, para cuidar dele e nele fazer plantações. E o Senhor deu ao homem a seguinte ordem: Você pode comer as frutas de qualquer árvore do jardim, menos da árvore que dá o conhecimento do bem e do mal. Não coma a fruta dessa árvore; pois, no dia em que você a comer, certamente morrerá."

Gênesis 2:8-17

Essa passagem do Gênesis descreve o Éden, o jardim mais famoso do mundo, sinônimo de abundância e beleza; de paraíso, numa palavra. O Éden inspirou grandes obras de arte e literatura, especialmente o *Paraíso perdido* de John Milton, um dos melhores poemas da literatura inglesa.

O Éden é mencionado nas escrituras judaicas (em Joel, Ezequiel e Isaías), como um majestoso jardim fecundo, embora Joel o descreva também como um paraíso que se transformou num ermo inóspito, como parte do aviso sobre o que acontecerá no final dos tempos.

Os arqueólogos e pesquisadores bíblicos tentaram durante séculos localizar onde ficava. Foi associado tradicionalmente com a planície mesopotâmica, no atual Iraque, mas não há um acordo claro sobre sua localização exata.

Se o jardim do Éden incorporou-se à cultura popular como uma visão do paraíso, isso não ocorreu sem complicações. No relato do Gênesis, o diabo em forma de serpente tenta Eva para que prove do fruto proibido da árvore do conhecimento do bem e do mal. A partir do momento em que desobedecem a Deus, Adão e Eva rompem seu pacto com Deus. São expulsos do jardim e vêem-se obrigados a criar uma vida no pálido mundo fora do paraíso.

As implicações políticas e sociais do Éden bíblico ainda continuam sendo debatidas. Especialmente, os debates dentro da Igreja cristã a respeito da ecologia e do uso da natureza e do papel da mulher na sociedade, concentram-se com freqüência nas interpretações desses primeiros capítulos de Gênesis.

O rio Eufrates

Capítulo 10

A batalha contra Satã?

Segundo o Novo Testamento, Jesus mudou-se para uma casa num país ao norte da Galiléia conhecido como Tiro, o atual Líbano. Apesar de tentar passar despercebido, aproxima-se dele uma mulher cuja filha está possuída por um espírito impuro.

Naquela ocasião, Jesus havia adquirido uma grande reputação como curandeiro, de maneira que talvez não deva nos surpreender que a mulher fosse até ele. Mas essa mulher era uma pessoa diferente de qualquer outra que Jesus houvesse encontrado antes. Mateus conta a história em seu evangelho.

"Jesus saiu dali e foi para a região que fica perto das cidades de Tiro e de Sidom. Certa mulher cananéia, que morava naquela terra, chegou perto dele e gritou: 'Senhor, Filho de Davi, tenha pena de mim! A minha filha está horrivelmente dominada por um demônio!' Mas Jesus não respondeu nada. Então os discípulos chegaram perto dele e disseram: 'Mande essa mulher embora, pois ela está vindo atrás de nós, fazendo muito barulho!' Jesus respondeu: 'Eu fui mandado somente para as ovelhas perdidas do povo de Israel.' Então ela veio, ajoelhou-se aos pés dele e disse: 'Senhor, me ajude!' Jesus disse: 'Não está certo tirar o pão dos filhos e jogá-lo para os cachorros'. 'Sim, senhor' – respondeu a mulher –, 'mas até mesmo os cachorrinhos comem as migalhas que caem debaixo da mesa dos seus donos'. 'Mulher, você tem muita fé! – disse Jesus. 'Que seja feito o que você quer!' E naquele momento a filha dela ficou curada."

MATEUS 15:21-28

Mateus escreve que a mulher era cananéia. A versão de Marcos diz que era sírio-fenícia. Hoje em dia, ambos os termos não nos dizem grande coisa, mas deviam ter um grande significado para Jesus e seus discípulos.

E, enfim, indicavam que a mulher era gentia, que não era judia; uma estranha, alguém que não pertencia ao povo escolhido. Aceitar sua súplica seria algo inusitado, algo completamente proibido.

A reação inicial de Jesus à súplica desesperada de ajuda da mulher é, no melhor dos casos, enigmática. Mas para ouvidos modernos soa

Jesus, o curandeiro

Nos evangelhos descreve-se como Jesus cura uma grande variedade de doenças. De algumas se diz que eram provocadas pela possessão demoníaca, tais como os casos de cegueira, mudez e violência auto-infligida que Mateus menciona. Lucas menciona também a epilepsia, e Marcos, a surdez. Outras curas ocorrem num contexto mais familiar de doenças "orgânicas", como doenças de pele, paralisia, hemorragias, atrofia de membros ou febres.

Às vezes, os detalhes dos relatos de curas constituem um elemento importante na pretensão de estar descrevendo fatos que ocorreram realmente. Considere-se o relato evangélico da cura de um homem cego.

"Depois Jesus e os discípulos chegaram ao povoado de Betsaida. Algumas pessoas trouxeram um cego e pediram a Jesus que tocasse nele. Ele pegou o cego pela mão e o levou para fora do povoado. Então cuspiu, passou a saliva nos olhos do homem, pôs a mão sobre ele e perguntou: 'Você está vendo alguma coisa?' O homem olhou e disse: 'Vejo pessoas; elas parecem árvores, mas estão andando.' Jesus pôs outra vez as mãos sobre os olhos dele. Dessa vez o cego olhou firme e ficou curado; aí começou a ver tudo muito bem."

MARCOS 8:22-25

O escritor Oliver Sacks estudou esse relato a partir de sua própria experiência como neurologista, comentando que aos pacientes operados da visão com freqüência levam um tempo para entender o que seus olhos vêem. Há um fluxo de material visual novo, sem organizar, que chega ao cérebro; mas o cérebro, desacostumado a interpretá-lo, primeiramente considera esse fluxo fragmentado e confuso. Do ponto de vista clínico, a necessidade aparente de uma cura "dupla" é algo que faz sentido. Da perspectiva teológica, reflete o fato de os discípulos só poderem ver parcialmente quem era Jesus. Para compreender completamente a identidade de Jesus, precisariam de sua ajuda.

simplesmente arrogante. Muitos dos leitores atuais ficarão incomodados ao ver como Jesus se refere a ela como "cachorro", sobretudo quando ela lhe implora ajuda.

Embora a resposta de Jesus não fosse uma resposta fortuita. Havia antecedentes. O termo "cachorro", no século I, era um insulto corrente contra os gentios, os "impuros", e apesar de poder ofender as sensibilidades contemporâneas, não faria os discípulos sequer piscarem.

Não teriam visto nada estranho no modo como Jesus reagiu. Negou-se a curar a filha da mulher porque não é judia; é um "cachorro". Acha que o "pão" que veio trazer é unicamente para os judeus, os verdadeiros "filhos" de Deus.

Uma reação assim desanimaria quase todos nós. Mas, segundo as escrituras, a mulher sírio-fenícia não se desanimou. E o que Jesus fez a seguir deixou seus discípulos horrorizados e confusos: curou a filha daquela mulher.

Para os discípulos isso devia ser infinitamente mais escandaloso do que insultar a mulher. Curar um gentio era algo simplesmente inaceitável. Os relatos evangélicos deixam claro que a convicção e humildade da mulher obrigaram Jesus a fazer algo que nenhum de seus seguidores esperaria que fizesse, ou, havendo feito, aceitaria.

E, pelo modo como é contada pelos evangelhos, implica que até Jesus foi surpreendido pelo que se sentiu impulsionado a fazer.

Para compreender em toda sua amplitude o quanto esse milagre foi escandaloso, os Pergaminhos do Mar Morto representam uma preciosa fonte de informação sobre as crenças e

A mulher sírio-fenícia

Os teólogos que analisaram os relatos evangélicos desta história concluíram que ela contém poderosas mensagens em vários níveis. Segundo o Evangelho de Marcos, é uma mulher sírio-fenícia, mas no de Mateus é dito que é cananéia. Os cananeus, na Bíblia hebraica, são descritos como inimigos mortais de Israel, condenados a aniquilação por Deus, quando Israel conquistasse a terra prometida.

A mensagem chave parece ser o de que a mulher está marginalizada, é uma estranha em todos os sentidos. Tanto se é cananéia quanto se é sírio-egípcia, pertence a outra raça. E, como gentia, está fora do amparo da religião judaica. Seu gênero a torna duplamente marginal, já que é mulher numa sociedade que considera às mulheres como testemunhas pouco confiáveis e cidadãs de segunda classe. Essa categoria extremamente "marginal" faz que o fato de a mulher reconhecer Jesus como o filho de Davi, descendente de uma linhagem real, seja um fato extraordinariamente surpreendente. Chama-o até mesmo de "Senhor". Se levarmos em conta que muitos de seus correligionários judeus se negam a reconhecer Jesus como filho de Davi, não é de estranhar que Jesus fique impressionado com a agudeza da percepção da mulher.

O Evangelho de Marcos relata todos os detalhes da conversa entre Jesus e a mulher, inclusive a referência aos "cachorros". Sustentou-se que a Igreja primitiva, incomodada com a inclusão dos gentios no início da cristandade, não haveria incluído essa referência "antigentios" se não estivesse baseada em fatos realmente ocorridos.

esperanças do século I. As antigas profecias vaticinavam que só nos últimos dias os gentios aceitariam o Deus judaico. E mesmo então não fariam isso por sua própria vontade; só o fariam movidos pelo exemplo dos judeus.

Mas a extraordinária fé da mulher sírio-fenícia parece haver feito Jesus mudar de opinião. Assim como em muitos outros milagres de Jesus, especialmente em suas curas, a fé é um componente essencial. Quem se vê transformado por suas mãos ou por suas palavras é também freqüentemente quem percebe, aparentemente de um modo intuitivo, que está diante de um extraordinário realizador de milagres. São pessoas que viram o rosto de Deus nesse pregador. Na mulher sírio-fenícia, Jesus percebe uma convicção que raramente encontra nos próprios judeus. Ao curar a filha dela, está fazendo uma afirmação muito polêmica, mas também está compreendendo mais sobre si mesmo e sua missão.

Reconstituição do encontro de Jesus com a mulher sírio-fenícia

Curar um gentio significa introduzir a possibilidade de que os gentios sejam iguais aos judeus. E apontá-lo implica abrir uma possibilidade ainda mais surpreendente: que os gentios são bem-vindos no reino de Deus.

Só Deus pode decidir quem é, ou não é, escolhido. E Jesus toma agora essa decisão. De novo, age com uma autoridade que só pode provir de Deus.

Onde isso nos deixa? Se Jesus sabe que é Deus, por que parece surpreso de se sentir impelido a agir como se fosse Deus? As crenças e tradições da Igreja cristã dizem que era completamente divino e completamente humano. Ficou genuinamente emocionado pela fé da mulher sírio-fenícia e sentiu-se obrigado a intervir. Era mais humano que divino? Era simplesmente um homem santo, debatendo-se com sua missão?

Se foi assim, seus milagres são completamente desconcertantes. Todos eles sugerem que estava conscientemente dando sinais àqueles que o cercavam, deixando provas que revelassem quem era na verdade. E, em último termo, todos esses sinais apontam numa direção.

Mas se achava que era Deus, tal como sugere o poder simbólico de seus milagres, então devia saber que lhe restava travar uma última batalha.

Jesus já havia sugerido que era o aguardado, aquele que enfrentaria as forças do mal. Mas seus confrontos com o diabo haviam sido até então escaramuças menores. A grande batalha, contra o próprio Satã, não ainda não havia ocorrido. A pergunta era: como seria travada?

CAPÍTULO 11

O servo doente?

À medida que Jesus se aproximava do ponto culminante de sua missão, devia lhe parecer lógico abandonar as distantes terras rurais da Galiléia nas quais cresceu para se dirigir a Jerusalém. A cidade era o centro da vida política e religiosa dos judeus, e durante as festividades a ordem pública era mantida pelos romanos pagãos, as forças terrenas de Satã.

Se Jesus iria concluir sua luta contra o poder maligno, não poderia haver um campo de batalha melhor. Aos olhos dos judeus, Jerusalém era o lugar mais sagrado da terra, mas ao ser profanado pelos romanos havia se tornado o mais indigno. Se persistiam algumas dúvidas nas mentes dos discípulos a respeito de se Jesus agia deliberadamente como se fosse Deus, logo seriam eliminadas.

As escrituras descrevem como Jesus se aproxima das portas de Jerusalém, montado num burrico.

"Quando Jesus e os discípulos estavam chegando a Jerusalém, foram até o monte das Oliveiras, que fica perto dos povoados de Betfagé e Betânia. Então Jesus enviou dois discípulos na frente, com a seguinte ordem: 'Vão até o povoado que fica ali adiante. Logo que vocês entrarem lá, encontrarão preso um jumentinho que ainda não foi montado. Desamarrem o animal e o tragam aqui. Se alguém perguntar por que vocês estão fazendo isso, digam que o Mestre precisa dele, mas o devolverá logo.' Eles foram e acharam o jumentinho na rua, amarrado perto da porta de uma casa. Quando estavam desamarrando o animal, algumas pessoas que estavam ali perguntaram: 'O que é que vocês estão fazendo? Por que estão desamarrando o jumentinho?' Eles responderam como Jesus havia mandado, e então aquelas pessoas deixaram que os dois discípulos levassem o animal. Eles levaram o jumentinho a Jesus e puseram as suas capas sobre o animal. Em seguida, Jesus o montou. Muitas pessoas estenderam as suas capas no caminho, e outras espalharam no caminho ramos que tinham cortado nos campos. Tanto os que iam na frente como os que vinham atrás começaram a gritar: 'Hosana a Deus! Que Deus abençoe aquele que vem em nome do Senhor! Que Deus abençoe o Reino de Davi, o nosso pai,
o Reino que está vindo! Hosana a Deus nas alturas do céu!' Jesus entrou em Jerusalém, foi até o Templo e olhou tudo em redor. Mas, como já era tarde, foi para o povoado de Betânia com os doze discípulos."

MARCOS 11:1-11

Jerusalém

O homem que fundou Jerusalém e a transformou numa das grandes cidades do mundo e na capital religiosa e política do povo judeu é um das personagens mais interessantes da Bíblia: Davi, o guerrilheiro das montanhas, herói popular por enfrentar como adolescente o gigante filisteu Golias, a quem homens experimentados temiam, e matá-lo com uma funda.

Davi nasceu numa época em que não existia uma nação judia unificada. Quando o rei Saul se suicidou depois de sofrer uma derrota humilhante pelas mãos dos filisteus, Davi deu um passo à frente para cumprir a missão que Deus lhe tinha encomendado, unificar o povo e as terras judaicas e moldar com eles uma grande nação.

A princípio, tornou-se rei da cidade sulista de Hebron, na única região que reconheceu sua autoridade. Logo sua habilidade política e militar fez com que todas as tribos dispersas de Israel também reconhecessem sua liderança.

Então ocorreu sua jogada de mestre. Com seu reino finalmente consolidado, conquistou uma nova cidade e transferiu sua capital de Hebron, no Sul, para essa localidade no centro do território, uma cidade jebuséia um tanto insignificante. Assim nasceu Jerusalém.

Já nesse ponto, Davi havia conseguido mais do que parecia possível. Tinha reunido sob seu comando as díspares tribos judaicas e fundado uma capital que se tornaria a cidade mais importante do mundo. Mas não parou aí. Em outro ato de puro gênio político, Davi transportou a arca da aliança para Jerusalém e depositou-a ali. Para os israelitas, a arca da aliança era o objeto mais sagrado que podia existir. Era um altar portátil que, acredita-se continha as tábuas de pedra nas quais Deus gravou as leis que ditou a Moisés. Para o povo judeu, era, de fato, o lar portátil de Deus, que viajava nela para onde o povo fosse. E ao assentar-se definitivamente na terra prometida, a arca ficou instalada em Jerusalém.

Quando a arca foi transportada para a cidade em solene procissão, o reino de Davi ficou firmemente consolidado: as doze tribos consideraram a mesma cidade, Jerusalém, como seu centro político e religioso.

Unificador e criador de uma nação, no período que agora se denomina primeira Idade do Ferro, Davi governou o antigo Israel de 1010 a 970 a.C. Seus triunfos extraordinários ressoam ainda hoje no povo judeu e Jerusalém continua sendo uma das grandes cidades do mundo.

Cavalgar num burrico emprestado pode-nos parecer um modo prático de se deslocar, mas no século I era um ato carregado de forte simbolismo e com um profundo sentido subversivo.

Jesus fez o que as escrituras diziam que o Messias faria quando viesse libertar Israel do jugo das forças pagãs: entrou na capital montado num jumento. O livro de Zacarias deixa isso claro:

"Alegre-se muito, povo de Sião!
Moradores de Jerusalém, cantem de alegria,
pois o seu rei está chegando.
Ele vem triunfante e vitorioso;
mas é humilde, e está montado num jumento,
num jumentinho, filho de jumenta."
ZACARIAS 9:9

Em vista desses paralelismos, não é de se estranhar que, ao entrar em Jerusalém, Jesus fosse recebido com tamanho entusiasmo. Mas seu meio de transporte não foi o único ato simbólico dessa ocasião. Também a rota que escolheu enviou uma clara mensagem.

Muitos judeus achavam que no Templo, que era o ponto focal de sua vida religiosa, Deus não podia ser encontrado. Pensavam que se estivesse, sua terra não estaria subjugada pelos romanos. Mas a libertação estava próxima, porque os textos antigos proclamavam que Deus regressaria para exigir a cidade e o Templo. E os textos eram muito específicos sobre como faria isso.

Diziam que entraria pela Porta Oriental da cidade. A partir dos dados incluídos nos relatos evangélicos, tais como a referência ao caminho que toma ao descer do monte das Oliveiras, é evidente que Jesus entra em Jerusalém por essa porta. Ao agir assim, Jesus faz uma declaração pública muito clara. Entra em Jerusalém do modo exato como se espera que o Messias faça. A Porta Oriental existe até hoje, embora esteja obstruída e tenha um cemitério em frente. Mas quando Jesus a atravessou no século I, deve ter sido um momento eletrizante. Se restava alguma dúvida de que Jesus fosse Deus no espírito dos discípulos, esse ato espetacular deveria dissipá-la de vez.

Então, se era Deus, traria a vitória final? Enfrentaria as forças do mal? E, se era assim, como faria isso? As expectativas do povo eram de que o mal seria derrotado numa revolta armada. Os romanos seriam aniquilados e Israel recuperaria sua liberdade sob a lei de Deus.

Muitos, na multidão que deu as boas-vindas a Jesus em Jerusalém, e inclusive entre seus discípulos, deviam esperar que fosse ele quem encabeçaria a rebelião. Mas, mesmo antes de entrar na cidade, Jesus havia sugerido que a violência não fazia parte de seu plano.

Ao longo de seus ensinamentos, havia sugerido que enfrentaria Satã de um modo muito diferente: dando a outra face, amando seus inimigos, devolvendo o mal com o bem. Soa como uma espécie de pacifismo, não como um modo de travar a batalha definitiva com a encarnação das forças do mal. Se os discípulos já estavam confusos, a partir de agora ficariam ainda mais.

Em vez de enfrentar os romanos e derrotá-los, poucos dias depois da chegada à Jerusalém parecia mais que Jesus havia se rendido.

Havia sido detido, julgado e condenado a morrer crucificado, o método romano de tortura mais humilhante e doloroso.

Deve ter sido um golpe terrível, ainda que seguramente não fosse uma completa surpresa para quem o conhecia bem. Jesus havia sugerido em várias ocasiões que morrer fazia parte de seus planos. Na Última Ceia havia falado sobre seu corpo e seu sangue e pedira aos discípulos que se lembrassem dele. E, no jardim de Getsêmani, na noite em que foi preso, as escrituras contam que rezou para que fosse evitado o que estava a ponto de lhe acontecer.

Certamente, aparece como alguém que sabe que vai morrer. Se antes seus seguidores não queriam acreditar na sombria descrição de sua própria morte, agora não tinham outro remédio senão acreditar. Os romanos eram conhecidos por seus dolorosos e bárbaros meios de execução. O calvário que Jesus enfrentava era humilhantemente insuportável, sem possibilidade alguma de sobrevivência. Que tipo de batalha contra o mal podia ser esta?

Nas escrituras judaicas há um precedente para o fato de confrontar o mal através do sofrimento e sair vencedor da peleja. De fato, esse precedente especifica claramente a idéia de uma vitória após a morte.

Isaías e seus companheiros profetas

Quando o rei Salomão morreu, o povo judeu ficou dividido entre o reino de Israel, no Norte, e o da Judéia, no Sul. Os dois reinos tinham seus profetas.

Amós e Oséias foram os primeiros que nos deixaram seus escritos. Os dois profetizaram no reino do Norte, ainda que Amós fosse originário do Sul. Não se dirigiram apenas aos reis, mas também ao povo simples. Oséias fez isso de um modo especialmente claro. Assim como Amós, foi muito crítico com o abuso contra os pobres, mas sua maior preocupação foi a união de Deus com seu povo. Israel era infiel a seu Deus, flertando há algum tempo com outros deuses, especialmente com Baal, o deus pagão dos cananeus. Fustigou Israel por essa infidelidade. Mas como muitos outros profetas, não recorreu apenas à palavra. Representou sua própria profecia casando-se com uma prostituta, que repetidamente o traiu.

Nas palavras do livro de Oséias: *"Ele disse a Oséias: 'Vá e case com uma prostituta de um templo pagão; os filhos que nascerem serão filhos de uma prostituta. Pois o povo de Israel agiu como uma prostituta: eles foram infiéis e me abandonaram.' Então Oséias foi e casou com Gomer, filha de Diblaim."* (Oséias 1:2-3)

Ambos, Amós e Oséias, tornaram-se incômodos revestindo suas profecias com termos muito desagradáveis. Amós denunciou outras nações que toleravam que os ricos se fizessem mais ricos enquanto os pobres passavam fome, e enumerou os castigos que Deus enviaria a essas nações para expiar os pecados, anunciando aos judeus que também eles, o povo de Deus, iam receber castigos idênticos.

Reconstituição dos soldados romanos prendendo Cristo na cruz.

Oséias preveniu que Deus permitiria que os assírios desencadeassem uma guerra horrível contra Israel, a não ser que a noiva infiel retomasse o bom caminho. Mas ofereceu uma pequena esperança: podiam evitar o desastre caso se corrigissem imediatamente.

Por volta de 700 a.C., no mesmo momento em que Oséias agitava a situação no reino do Norte, apareceu um novo e importante profeta no Sul, chamado Isaías. Provinha das classes altas de sua sociedade e era um homem muito culto. Sua mensagem era tão intransigente quanto a de seus colegas Amós e Oséias: confiem em Deus, consertem sua prejudicada relação com ele, ou terão de pagar o preço da omissão.

Mas reservou suas palavras mais duras para atacar os maus-tratos aos pobres. Assim como os demais profetas, exortou o povo a cumprir os mandamentos que Deus entregou a Moisés no Monte Sinai, muito especialmente o de "amarás ao próximo".

Isaías não viveu para ver se o povo de Deus obedeceria a suas súplicas e evitaria a catástrofe. Como todos os profetas, era igualmente amado e odiado, e considerava que suas advertências eram, na maioria, ignoradas.

Mas a tradição profética continuou. Chegou-se até mesmo a fundar escolas de profecia, para formar novos profetas que aconselhassem os reis. Mas muitos dos formados nessas escolas transformaram-se em aduladores, denunciados pelos demais como "falsos profetas".

Ele está no livro do profeta Isaías, e descreve um homem que padece um tormento insuportavelmente doloroso em nome de Deus e da retidão, um homem descrito como o servo doente:

"Pois o Senhor quis que o seu servo aparecesse como uma plantinha que brota e vai crescendo em terra seca. Ele não era bonito nem simpático, nem tinha nenhuma beleza que chamasse a nossa atenção ou que nos agradasse. Ele foi rejeitado e desprezado por todos; ele suportou dores e sofrimentos sem fim. Era como alguém que não queremos ver; nós nem mesmo olhávamos para ele e o desprezávamos. No entanto, era o nosso sofrimento que ele estava carregando, era a nossa dor que ele estava suportando. E nós pensávamos que era por causa das suas próprias culpas que Deus o estava castigando, que Deus o estava maltratando e ferindo. Porém ele estava sofrendo por causa dos nossos pecados, estava sendo castigado por causa das nossas maldades.

Nós somos curados pelo castigo que ele sofreu, somos curados pelos ferimentos que ele recebeu. Todos nós éramos como ovelhas que se haviam perdido; cada um de nós seguia o seu próprio caminho. Mas o Senhor castigou o seu servo; fez com que ele sofresse o castigo que nós merecíamos. Ele foi maltratado, mas agüentou tudo humildemente e não disse uma só palavra. Ficou calado como um cordeiro que vai ser morto, como uma ovelha quando cortam a sua lã. Foi preso, condenado e levado para ser morto, e ninguém se importou com o que ia acontecer com ele. Foi expulso do mundo dos vivos, foi morto por causa dos pecados do nosso povo. Foi sepultado ao lado de criminosos, foi enterrado com os ricos, embora nunca tivesse cometido crime nenhum, nem tivesse dito uma só mentira. O Senhor Deus diz: 'Eu quis maltratá-lo, quis fazê-lo sofrer. Ele ofereceu a sua vida como sacrifício para tirar pecados e por isso terá uma vida longa e verá os seus descendentes. Ele fará com que o meu plano dê certo. Depois de tanto sofrimento, ele será feliz; por causa da sua dedicação, ele ficará completamente satisfeito. O meu servo não tem pecado, mas ele sofrerá o castigo que muitos merecem, e assim os pecados deles serão perdoados. Por isso, eu lhe darei um lugar de honra; ele receberá a sua recompensa junto com os grandes e os poderosos. Pois ele deu a sua própria vida e foi tratado como se fosse um criminoso. Ele levou a culpa dos pecados de muitos e orou pedindo que eles fossem perdoados.'"

ISAÍAS 53:2-12

O "Segundo Isaías"

Quando o povo de Israel foi conduzido ao exílio, conheceu seus piores dias. Afundaram no desespero ao pensar que talvez não regressassem jamais a sua terra prometida, que Jerusalém não fosse reconstruída. Profetas menores, como Ageu e Malaquias, tentaram dar ânimos, propagando uma esperança messiânica de que o reino de Davi seria restaurado num dia.

Muitos pesquisadores consideram que nessa época apareceu o profeta conhecido como o "Segundo Isaías". Ou, melhor, o terceiro ou, possivelmente, quarto Isaías. Nos capítulos 40-66, aproximadamente o último terço do livro de Isaías, é descrito detalhadamente o que vai ocorrer ao final do exílio, aproximadamente um século e meio depois dos primeiros 39 capítulos. Alguns argumentam que Deus concedeu a Isaías poderes de clarividência para predizer o futuro de um modo tão detalhado, mas a maior parte dos pesquisadores acha que a última parte do livro foi escrita por discípulos daquele grande homem. Essas passagens contam-se entre as mais belas da Bíblia. Implicam uma mensagem de alegria auspiciosa.

"Todos os que temem e obedecem ao Senhor,
escutem as suas palavras.
O Senhor diz a vocês:
'Os seus patrícios os odeiam
e não querem saber de vocês
porque vocês são fiéis a mim.'
Eles lhes dizem:
'Que o Senhor venha salvá-los
para que possamos vê-los alegres!'
Pois essas pessoas vão ficar envergonhadas.
Escutem o forte barulho na cidade,
o barulho que há no Templo!
É o barulho de Deus, o Senhor,
castigando os seus inimigos como eles merecem.
Será que uma mulher dá à luz antes de sentir dores de parto?
Será que pode dar à luz um filho sem sofrer?
Quem já ouviu falar de uma coisa assim?
Quem já viu isso acontecer?
Pois será que um país pode nascer num dia só?
Uma nação aparece assim num instante?
Mas foi isto mesmo que aconteceu com Sião:
assim que sentiu dores de parto,
ela deu à luz os seus filhos.
Sou eu quem faz vir as dores de parto;
será que eu não vou deixar que os filhos nasçam?
Sou eu, o Senhor, seu Deus, quem está falando.
'Alegrem-se junto com Jerusalém
e cantem hinos de louvor,
todos os que a amam.
Alegrem-se junto com Jerusalém,
todos os que choraram por ela.
E ela, como uma mãe que dá de mamar ao seu filho,
dará a vocês das suas riquezas,
e vocês ficarão satisfeitos.'"

ISAÍAS 66:5-11

Sabemos pelas escrituras que, ao longo de sua vida, Jesus citou esse livro de Isaías enquanto pregava nas sinagogas ou pronunciava sermões nas encostas dos montes. O Evangelho de Mateus relaciona explicitamente as curas de Jesus a essa passagem de Isaías:

Depois do pôr-do-sol, o povo levou até Jesus muitas pessoas que estavam dominadas por demônios. E ele, apenas com uma palavra, expulsava os espíritos maus e curava todas as pessoas que estavam doentes. Jesus fez isso para cumprir o que o profeta Isaías tinha dito: "Ele levou as nossas doenças e carregou as nossas enfermidades."

MATEUS 8:16-17

Existem também semelhanças muito próximas entre partes dos ensinamentos de Jesus e o texto de Isaías 53. Ambos falam do reino de Deus e ambos sublinham que o abandono e o sofrimento fazem parte do plano divino.

Quando Jesus arrastou a cruz pelas ruas de Jerusalém, é muito provável que se identificasse com a figura do servo doente. É provável que conhecesse os versículos de cor, e, quando suportou os açoites, a humilhação e a crucificação final, deve havê-los recordado.

Mas, mesmo se Jesus se identificou com o servo doente, como pôde pensar que triunfaria sobre o mal através dessa identificação? Pendurado da cruz, mais parecia vítima que triunfador. E não é surpreendente que o Evangelho de Marcos informe que as últimas palavras de Jesus foram desesperadas:

"Às três horas da tarde Jesus gritou bem alto: 'Eloí, Eloí, lemá sabactani?' Essas palavras querem dizer: 'Meu Deus, meu Deus, por que me abandonaste?'"

MARCOS 15:34

Se Jesus realmente achava que era Deus e que podia ganhar a batalha contra Satã, então a morte não podia ser o final da história. E, no entanto, enquanto os que estavam perto dele o viam morrer, os romanos continuavam firmes em seu lugar. Nada havia mudado.

Parecia que Jesus havia jogado e perdera a partida. Todos esses milagres anunciando que era Deus, o Messias prometido, e aqui estava seu corpo maltratado, pregado num madeiro.

O Evangelho de Marcos descreve um quadro de infinita desolação no qual as argumentações dos seguidores de Jesus, no sentido de que curou e salvou pessoas, foram usadas para zombar dele:

"Os chefes dos sacerdotes e os mestres da Lei também caçoavam dele, dizendo:
'Ele salvou os outros, mas não pode salvar a si mesmo! Vamos ver o Messias, o Rei de Israel, descer agora da cruz e então creremos nele!'
E os ladrões que foram crucificados com Jesus também o insultavam."

MARCOS 15:31-32

ILUSTRAÇÃO (PÁGINAS SEGUINTES):
A esplanada do Templo de Jerusalém.

Capítulo 12

O maior de todos os milagres?

No caso de os milagres de Jesus terem sido sinais ou pistas sobre sua identidade, seus seguidores devem ter sentido uma crescente expectativa à medida que Jesus trazia seus ensinamentos, pregações e curas. Em sua última época, com a chegada a Jerusalém e a confrontação com as autoridades judaicas e romanas, os discípulos devem ter pensado que esses sinais finalmente se tornariam realidade.

Finalmente, materializava-se a voz profética com ecos da linguagem de Elias, que apresentava as verdades incômodas àqueles que ostentavam o poder político e religioso. Havia aqui, finalmente, um líder que guardaria o manto de Moisés e Josué; que encorajaria a rebelião, acabaria com a tirania de Roma e libertaria o povo de Israel. Em seus milagres estavam todos esses portentos, todas essas identidades, todas essas ilusões.

O que deviam pensar seus seguidores, enquanto estava pendurado numa cruz de madeira, com pregos atravessando suas mãos e pés, derrotado e agonizante? Nessa terrível hora, deve ter parecido outro ingênuo faccioso que havia se equivocado completamente em seus planos; outro homem jovem com grandes idéias que havia subestimado o poderio romano. Até mesmo seus discípulos mais próximos devem ter duvidado dele. Quem havia sido exatamente Jesus? E que significado havia tido sua vida?

As escrituras mostram que a resposta ficou clara três dias depois, com a ressurreição de Jesus. Esse capítulo da história, dizem os evangelistas, transformou Jesus em nada menos que o Filho de Deus.

E apoiada nessa crença, foi construída uma das principais religiões do mundo. Sem a multiplicação dos pães e dos peixes, sem o passeio sobre as águas, continuaríamos tendo o cristianismo. Mas, sem a ressurreição, seria um culto judaico do século I sem importância. Esse milagre, mais que qualquer outro, mudou o mundo, e, se os milagres são símbolos, então a ressurreição é o símbolo mais importante de todos. Para compreendê-lo, precisamos observar seus efeitos.

Começamos com um homem jovem pregado numa cruz. Seus seguidores estão desnorteados e desconcertados. Seu novo e prometedor movimento está à beira de extinguir-se. E, no entanto, três dias depois começa a se propagar a crença de que esse homem se levantou entre os mortos. E essa idéia não só prende seus seguidores, mas também acaba num movimento que ganha adeptos em todo o Império Romano.

Seus propagadores são perseguidos com fúria, mas diante do espanto dos espectadores, parecem não temer a morte, tal é a força com a qual crêem na ressurreição de seu líder. Esses cristãos se tornam mártires em números que não param de crescer. E, apesar disso, o movimento continua crescendo até que se transforma na religião oficial do Império Romano, legitimada e apoiada por um imperador, Constantino, que se converte ao novo culto. O que pôde provocar tão extraordinária transformação? O que fez uma minúscula seita judaica se tornar uma religião universal?

Em que consistia a crucificação?

O que significa Jesus ter sido crucificado? Significa que foi executado pelo método mais vergonhoso e humilhante de que dispunham os romanos, uma tortura reservada aos criminosos mais imundos. Significa que a cruz que o obrigaram a carregar até o alto de uma colina, e que logo foi amarrada a um poste vertical ou mesmo ao tronco de uma oliveira, foi utilizado para pregá-lo pelos pés a pouca altura do chão. Significa que suas roupas foram arrancadas e que morreu lenta e dolorosamente. A vítima de uma crucificação costumava demorar vários dias para morrer, normalmente como resultado do impacto acumulativo do frio, do cansaço, da fome, da asfixia e da sede. No caso de Jesus, já se encontrava consideravelmente debilitado pelas chicotadas que havia recebido antes de ser crucificado. A iconografia tradicional da crucificação tem ribetes heróicos, com a cruz recortando-se orgulhosa contra o céu, mas a realidade era que os condenados eram deixados pendurados nas cruzes durante dias, para que servissem de exemplo.

Quem era o imperador Constantino?

Constantino, nascido no século III d.C., sucedeu Constâncio, com a morte deste no ano 306 d.C., e se tornou imperador no ano 312 d.C., após derrotar um rival. Apesar de não ser ele mesmo cristão, Constantino, quase imediatamente, começou a favorecer e abrigar o cristianismo em seu império. A moral cristã foi introduzida na legislação e no modo de governar. Sem renunciar à violência e à opressão, melhorou a situação dos escravos, decretou leis para proteger os desfavorecidos e revisou alguns dos aspectos mais brutais do código penal.

Interveio de modo enérgico nas discussões e cisões teológicas que ocorreram na Igreja primitiva, convocando concílios para tentar resolvê-los. No ano 325 d.C., convocou o Concílio de Nicéia, que representou o momento crucial da formação da Igreja cristã. Apesar de não ser batizado, Constantino presidiu esse momento, e o credo que ali foi redigido se transformou no dogma ortodoxo do cristianismo, que continua sendo citado todos os dias nas igrejas de todo o mundo. No ano 330 d.C., Constantino transferiu a capital de Roma para Bizâncio, a qual reconstruiu e deu seu nome (Constantinopla).

Durante seu reinado, esforçou-se para construir vínculos entre os pagãos tradicionais e os cristãos, convertendo-se ele próprio, em algum momento, à nova fé. Embora não tivesse sido batizado até o momento próximo à sua morte, isso não era algo estranho naquela época, e é possível que tivesse se convertido alguns anos antes. Dedicou grandes somas à construção de igrejas, e já no ano 321 d.C. instaurou o domingo como dia de culto. Na Igreja Ortodoxa oriental é venerado como santo.

Um mosaico bizantino que representa o imperador Constantino.

Poder-se-ia dizer apenas uma coisa: a ressurreição de Jesus. Esse é o momento crucial da história do cristianismo. Hoje, na Igreja do Santo Sepulcro de Jerusalém, os peregrinos e turistas desfilam diante do lugar em que se diz que aconteceu a ressurreição. Mas, o que será que pensam eles? Que provas há exatamente de que Jesus se levantou entre os mortos? No momento de desespero e desengano, foram só os primeiros cristãos que simplesmente imaginaram, ou foram testemunhas de um acontecimento verdadeiro, sem precedentes na história?

Os quatro evangelistas, Mateus, Marcos, Lucas e João relatam o milagre da ressurreição de Jesus. De acordo com essas crônicas, no terceiro dia da morte de Jesus algumas de suas seguidoras (no relato de Marcos, Maria Madalena, Maria, a mãe de Tiago, e Salomé; mas, no de Mateus, "Maria Madalena e a outra Maria") foram em direção à tumba para derramar óleos, ervas e especiarias sobre o cadáver; uma forma tradicional de honrar os mortos. Mas quando entraram na tumba, encontraram um monte de roupas onde deveria estar o corpo sem vida. As vestes funerárias com as quais havia sido coberto o corpo de Jesus haviam sido deixadas e o próprio corpo havia desaparecido. Enquanto as mulheres tentavam entender o que podia haver acontecido, surgiu uma misteriosa figura envolvida num hábito branco. Mateus descreve o fato assim:

"Ele era parecido com um relâmpago, e as suas roupas eram brancas como a neve. Os guardas tremeram de medo do anjo e ficaram como mortos. Então o anjo disse para as mulheres: "Não tenham medo! Sei que vocês estão procurando Jesus, que foi crucificado, mas ele não está aqui; já foi ressuscitado, como tinha dito. Venham ver o lugar onde ele foi posto. Agora vão depressa e digam aos discípulos dele o seguinte: Ele foi ressuscitado e vai adiante de vocês para a Galiléia. Lá vocês vão vê-lo. Era isso o que eu tinha a dizer para vocês." Elas foram embora depressa do túmulo, pois estavam com medo, mas muito alegres. E correram para contar tudo aos discípulos."

MATEUS 28: 3-8

Encenação do anjo que apareceu para as mulheres no sepulcro.

O incidente com as mulheres foi seguido por uma série de aparições de Jesus para os que o haviam conhecido e amado. O Evangelho de Mateus conta como, em seu caminho para ver os discípulos, as mulheres viram que Jesus saía a seu encontro.

"De repente, Jesus se encontrou com elas e disse: "Que a paz esteja com vocês!" Elas chegaram perto dele, abraçaram os seus pés e o adoraram. Então Jesus disse: "Não tenham medo! Vão dizer aos meus irmãos para irem à Galiléia, e eles me verão ali."

MATEUS 28: 9-10

O Evangelho de Lucas descreve como Jesus aparece também para um seguidor chamado Cleopas e para sua acompanhante, no caminho para Emaús:

"Naquele mesmo dia, dois dos seguidores de Jesus estavam indo para um povoado chamado Emaús, que fica a mais ou menos dez quilômetros de Jerusalém. Eles estavam conversando a respeito de tudo o que havia acontecido. Enquanto conversavam e discutiam, o próprio Jesus chegou perto e começou a caminhar com eles, mas alguma coisa não deixou que eles o reconhecessem. Então Jesus perguntou: "O que é que vocês estão conversando pelo caminho?". Eles pararam, com um jeito triste,e um deles, chamado Cleopas, disse: "Será que você é o único morador de Jerusalém que não sabe o que aconteceu lá, nestes últimos dias?".
"O que foi?", perguntou ele: Eles responderam: *"O que aconteceu com Jesus de Nazaré. Esse homem era profeta e, para Deus e para todo o povo, ele era poderoso em atos e palavras".*

LUCAS, 24:13-19

Jesus continua conversando com os homens enquanto andam até Emaús, e esses lhe contam (sem reconhecer quem é) a história de sua vida e morte. Jesus, por sua vez, faz com que vejam que tudo o que descreveram já foi anunciado nas escrituras. No relato de Lucas, assim que chegaram a seu destino, os dois homens perceberam quem era aquele falante desconhecido.

"Quando chegaram perto do povoado para onde iam, Jesus fez como quem ia para mais longe. Mas eles insistiram com ele para que ficasse, dizendo: "Fique conosco porque já é tarde, e a noite vem chegando." Então Jesus entrou para ficar com os dois. Sentou-se à mesa com eles, pegou o pão e deu graças a Deus. Depois partiu o pão e deu a eles. Aí os olhos deles foram abertos, e eles reconheceram Jesus. Mas ele desapareceu. Então eles disseram um para o outro: "Não parecia que o nosso coração queimava dentro do peito quando ele nos falava na estrada e nos explicava as Escrituras Sagradas?"

LUCAS, 24:28-32

A ressurreição na arte

A ressurreição foi um tema emblemático na pintura cristã. Nas representações primitivas, os artistas evitaram pintar o corpo ressuscitado de Jesus. Isso se deveu em parte a um sentimento de respeito, mas também às implicações das narrações sobre o milagre. Se seus aliados mais próximos não foram capazes de reconhecer imediatamente Jesus, seu corpo ressuscitado não podia ser idêntico a seu corpo terreno.

A dificuldade que isso representava para um artista plástico era considerável. Por isso, em vez de retratar o corpo ressuscitado, esses primitivos artistas cristãos recorreram a símbolos para sugerir o que havia acontecido: os guardas dormindo ou atônitos; a pedra afastada da entrada da tumba; as Marias descobrindo os sudários no lugar onde estava o cadáver. Em obras pictóricas mais recentes, recorreu-se também a estratagemas assim, aludindo indiretamente ao corpo ressuscitado, em vez de descrevê-lo graficamente.

As aparições para os discípulos depois da ressurreição inspiraram também muitos quadros, especialmente o encontro no caminho para Emaús e o episódio conhecido por *Noli me tangere*. Segundo o Evangelho de João, Maria Madalena ainda estava confusa após descobrir que a tumba estava deserta, quando encontrou um homem que pensou ser um jardineiro. Pensando que talvez soubesse o que havia acontecido com o cadáver, perguntou-lhe o que havia acontecido, mas quando o homem a chamou por seu nome percebeu que era Jesus que havia ressuscitado. Tomada pela emoção, abriu os braços para ele, mas Jesus preveniu-a dizendo "*Noli me tangere*", "não me toque", em latim. Esse terno encontro entre Cristo e uma de suas discípulas mais importantes foi o tema de muitos e excelentes quadros.

Paulo

Nos arredores de Jerusalém, cerca de três anos depois que Jesus foi crucificado, uma multidão de exaltados arrastou um homem chamado Estevão até a beira de um precipício. Ali deram a ele uma última oportunidade de salvar sua vida retratando-se de sua "blasfêmia". Como não o fez, foi apedrejado pela multidão. O delito cometido por Estevão era ser seguidor de Jesus e fazer parte de um audacioso movimento novo, baseado na vida, morte e ressurreição de um homem considerado pelas autoridades como um perigoso subversivo.

Na narração dessa história, incluída nos *Atos dos Apóstolos*, a frase mais interessante está no final, quase como se fosse um acréscimo. Quando Estevão morreu, o livro disse que "Saulo aprovava sua morte". Saulo era um assassino pago pelas autoridades religiosas, um guardião fanático da lei judaica, encarregado de liquidar aquele frágil movimento de seguidores de Jesus.

E, não obstante, uma grande parte do Novo Testamento tratará ou será escrita por esse mesmo homem. Agora, assim como Paulo, o reconhecemos como uma das principais figuras da história cristã. Nossa informação sobre ele provém desse livro da Bíblia, os *Atos dos Apóstolos*, que se acredita ter sido escrito pelo evangelista Lucas, e das cartas escritas pelo próprio Paulo.

Apesar da rigidez da repressão, exemplificada pela execução de Estevão, a Igreja cristã continuou crescendo. Saulo ficou sabendo que ela havia conseguido se estabelecer em Damasco. Reuniu um grupo de fanáticos sequazes e foi lá para erradicá-la, sem ter consciência do que o esperava. Até hoje, usamos a expressão "cair do cavalo no caminho de Damasco" para descrever um acontecimento que muda a vida de alguém. Os *Atos dos Apóstolos* contam tal fato assim:

"Mas na estrada de Damasco, quando Saulo já estava perto daquela cidade, de repente, uma luz que vinha do céu brilhou em volta dele. Ele caiu no chão e ouviu uma voz que dizia: "Saulo, Saulo, por que você me persegue?". "Quem é o senhor?", perguntou ele: A voz respondeu: "Eu sou Jesus, aquele que você persegue. Mas levante-se, entre na cidade, e ali dirão a você o que deve fazer".

ATOS DOS APÓSTOLOS 9:3-6

Conta-se que Saulo ficou temporariamente cego e permanentemente mudado. Foi acolhido pelos cristãos, recebeu o batismo e se preparou para uma nova vida e ocupação.

Saulo, o látego de cristãos, com o novo nome de Paulo, estudou as origens da nova fé. Os evangelhos demorariam ainda 30 anos para ser redigidos, e Paulo não havia sido testemunha de primeira mão do ministério de Jesus, de modo que sua aprendizagem não foi fácil. Instalou-se em Antioquia, a terceira cidade em importância para o incipiente movimento, e dali começou a viajar para pregar aos demais.

O Evangelho de João conta que Pedro e os pescadores trabalharam uma noite toda no Mar da Galiléia sem conseguir pescar nada. Estavam se preparando para voltar a terra, quando na luz fraca do amanhecer viram Jesus na margem.

"De manhã, quando começava a clarear, Jesus estava na praia. Porém eles não sabiam que era ele. Então Jesus perguntou: "Moços, vocês pescaram alguma coisa?". "Nada!", responderam eles. "Joguem a rede do lado direito do barco, que vocês acharão peixe!", disse Jesus. Eles jogaram a rede e logo depois já não conseguiam puxá-la para dentro do barco, por causa da grande quantidade de peixes que havia nela. Aí o discípulo que Jesus amava disse a Pedro: "É o Senhor Jesus!".

Quando Simão Pedro ouviu dizer que era o Senhor, vestiu a capa, pois havia tirado a roupa, e se jogou na água. Os outros discípulos foram no barco, puxando a rede com os peixes, pois estavam somente a uns cem metros da praia. Quando saíram do barco, viram ali uma pequena fogueira, com alguns peixes em cima das brasas. E também havia pão. Então Jesus disse: "Tragam alguns desses peixes que vocês acabaram de pescar". Aí Simão Pedro subiu no barco e arrastou a rede para a terra. Ela estava cheia, com cento e cinqüenta e três peixes grandes, e mesmo assim não se rebentou.

Jesus disse: "Venham comer!". Nenhum deles tinha coragem de perguntar quem ele era, pois sabiam que era o Senhor. Então Jesus veio, pegou o pão e deu a eles. E fez a mesma coisa com os peixes. Foi esta a terceira vez que Jesus, depois de ter sido ressuscitado, apareceu aos seus discípulos".

JOÃO 21:4-14

Os pesquisadores da Bíblia acreditam que o relato mais antigo da ressurreição, e das aparições posteriores em particular, encontra-se na primeira epístola de Paulo aos coríntios, redigida cerca de 20 anos depois dos acontecimentos que descreve; anterior até mesmo ao Evangelho de Marcos. Paulo inclui seu encontro com o Cristo ressuscitado no caminho para Damasco entre as aparições de Jesus. Aquele encontro deu um giro na vida de Paulo e mudou o curso da história cristã.

"Eu passei para vocês o ensinamento que recebi e que é da mais alta importância: Cristo morreu pelos nossos pecados, como está escrito nas Escrituras Sagradas; ele foi sepultado e, no terceiro dia, foi ressuscitado, como está escrito nas Escrituras; e apareceu a Pedro e depois aos doze apóstolos. Depois apareceu, de uma só vez, a mais de quinhentos seguidores, dos quais a maior parte ainda vive, mas alguns já morreram. Em seguida apareceu a Tiago e, mais tarde, a todos os apóstolos. Por último, depois de todos, ele apareceu também a mim, como para alguém nascido fora de tempo."

CORÍNTIOS I 15:3-8

As viagens missionárias de Paulo

Antes que Paulo iniciasse seu trabalho missionário, a imensa maioria de cristãos conversos era judia praticante que havia sido circuncidada e observava as leis dietéticas. Paulo, um judeu nascido e educado em território gentio fixou seus objetivos muito mais além daqueles. Quando converteu os gentios à nova fé, disse-lhes que não precisavam aceitar as leis judaicas: não era necessário que fossem circuncidados, nem que cumprissem as restrições alimentícias decretadas por Moisés. Tudo o que deviam fazer era crer em Jesus e segui-lo. Mas essa mensagem, para não dizer tudo, era uma mensagem muito polêmica. Nas sinagogas da Síria, considerou-se que Paulo era pouco respeitoso com os princípios básicos do judaísmo, e sua mensagem logo entrou em conflito com a Igreja cristã de Jerusalém, incluídos o próprio irmão de Jesus, Tiago, e Pedro, o discípulo.

Não obstante, Paulo continuou o trabalho missionário e pregou a nova doutrina por todos os lugares em que encontrou gentios. Era um provocador consumado. A própria coragem e o entusiasmo que o tornaram o mais violento dos perseguidores, transformaram-no no mais feroz defensor da fé. Deixou seu rastro em todos os locais em que esteve, convertendo o povo e fazendo inimigos com sua inegociável mensagem. Para Paulo era impossível fazer acordo. Sua fé era absoluta. Jesus mudou tudo e a lei judaica já não era imprescindível. A lei era boa, mas, agora, para restabelecer a relação com Deus, o único que faltava era a fé em Jesus Cristo.

Com essa mensagem e uma energia aparentemente inesgotável, Paulo realizou três grandes viagens missionárias, deslocando-se da Antioquia a Tessalônica, e dali a Atenas. Cruzou Corinto, passando por Éfeso (na atual Turquia), e voltou para Jerusalém. O sofisticado sistema de transporte e comunicações do Império Romano fazia com que deslocamentos assim, pela primeira vez na história, fossem possíveis. Paulo tirou disso todo o lucro possível.

Os rigorosos deslocamentos de Paulo continuaram, apesar de alguns naufrágios, disputas com as autoridades e até temporadas na prisão por provocar problemas. Não temia visitar as populações com pior fama do Império Romano, incluída Corinto, um cosmopolita porto famoso por ser todo ele um gigantesco bordel. E quando, em sua passagem, deixava incipientes comunidades cristãs, mimava-as escrevendo-lhes cartas nas quais tentava solucionar qualquer dúvida ou problema que pudesse ter surgido depois de sua saída. Não temia corrigi-los quando se afastavam do caminho cristão. Muitos dos novos conversos eram pagãos com costumes muito estranhos, e Paulo tentou corrigi-los.

O tom dessas cartas é tão direto que, até hoje, causa constrangimento. Em particular, suas referências à sexualidade e ao papel da mulher continuam sendo tema de caloroso debate dentro da Igreja e fora dela. Para os coríntios, Paulo tem este conselho: *"Se a mulher não cobre a cabeça, então é melhor que ela corte o cabelo de uma vez. Já que é vergonhoso para a mulher rapar a cabeça ou cortar o cabelo, então ela deve cobrir a cabeça. O homem não precisa cobrir a cabeça, pois ele reflete a imagem e a glória de Deus; mas a mulher reflete a glória do homem."* (CORÍNTIOS I 11:6-7)

Rota da missão de Paulo de Antioquia a Corinto.

Com o tempo, Paulo chegou ao objetivo final de seu périplo missionário: Roma, a capital do império. Ali, como em outros lugares, teve um grande impacto, e sua Epístola aos Romanos é geralmente considerada como um dos livros mais profundos e intensos do Novo Testamento. Embora fosse possível que Roma representasse a desgraça de Paulo. Ainda que não haja dados irrefutáveis na Bíblia, a maioria dos pesquisadores acredita que ali foi aprisionado de novo e morreu naquela cidade.

Uma cópia de um fragmento de uma das Epístolas de Paulo

Segundo Paulo, dizia-se que Jesus apareceu para mais de 500 pessoas no total. E essa é a prova histórica em que se baseia a ressurreição; uma tumba vazia e várias extraordinárias aparições do ressuscitado Jesus a seus discípulos. A idéia de que um homem pudesse se levantar entre os mortos representou um obstáculo para muitos fiéis e uma fonte de ceticismo para os não fiéis. Seria possível que tudo se baseasse num mal-entendido? Teriam ido as mulheres à tumba errada? Teriam imaginado isso todos os discípulos?

Vamos ver: a afirmação de que a ressurreição aconteceu realmente começa com um sepulcro do qual se levantou um homem morto, deixando-o vazio. E em Jerusalém ainda existem tumbas da época de Jesus que facilitaram a pesquisa dos arqueólogos sobre detalhes como a forma e o tamanho da pedra que foi tirada da entrada do sepulcro. Mas para alguns pesquisadores, o exame de tumbas desse tipo é completamente irrelevante para qualquer pesquisa sobre a ressurreição. Para eles, a história da ressurreição falha mesmo antes de chegar à tumba. De acordo com essas teorias, o cadáver de Jesus nunca esteve na tumba.

CAPÍTULO 13

A tumba estava vazia?

No ano 1968, uma equipe de pedreiros estava escavando o solo para construir casas e estradas em Giv'at Ha-mivtar, um território ao norte de Jerusalém. Naquela época, a região era um descampado e os construtores estavam movendo as terras para preparar o novo bairro. Certa manhã, descobriram algo estranho. Acharam que podia ser importante, assim avisaram os especialistas. Esses confirmaram que haviam descoberto uma tumba antiga.

Mas o mais surpreendente veio depois. Ao examinar a tumba, os especialistas encontraram um ossário, uma caixa de pedra, que continha ossos da época de Jesus. Naquela época, costumava-se transferir os ossos do finado, entre seis e 24 meses após seu enterro, da tumba para um ossário, para poder utilizar novamente a primeira.

Ossário com a inscrição "Tiago, filho de José, irmão de Jesus".

Naquele ossário concreto, os arqueólogos encontraram um osso que lhes chamou a atenção. O que o tornava especial era que havia um prego enferrujado preso nele. Após alguns estudos, chegaram à conclusão de que se tratava dos restos de um homem chamado Jehohannan, a quem haviam crucificado.

Aquela, para os arqueólogos, foi uma descoberta importante. Jehohannan foi a primeira vítima de uma crucificação cujos restos foram encontrados em Israel. Naquela época, os especialistas acreditaram que esses seriam apenas os primeiros de uma longa série que eventualmente seria descoberta, porque os romanos haviam crucificado milhares de rebeldes.

E, no entanto, e para sua surpresa, após quase quatro décadas de escavações, não foram descobertos outros restos de condenados por crucificação. Por que não? Os conservadores do Museu da Agência de Antigüidades de Israel de Tel Aviv dispuseram de uma excepcional oportunidade para descobri-lo. Possuem uma extensa coleção de ossários judeus da época de Jesus. É lógico pensar que entre todos eles existiria uma indicação de que eram feitos com os restos das vítimas da crucificação. Mas, apesar de terem examinado cada um dos ossários, os especialistas de Tel Aviv não encontraram rastros nos ossos que fizessem pensar que alguns podiam pertencer a algum crucificado.

O que isso envolvia era algo enigmático. Um dos artigos básicos da história cristã oscilava e a crença na ressurreição de Jesus via-se seriamente afetada. Se os ossos dos rebeldes crucificados não acabavam finalmente em ossários, talvez fosse porque as vítimas não eram enterradas. E, se isso era verdade, era possível que o cadáver de Jesus não tivesse sido nunca enterrado? Será que seus seguidores acharam sua tumba vazia porque nunca havia sido ocupada?

Se esse foi o caso, então cabe perguntar-se onde, se não numa tumba, acabavam os cadáveres dos rebeldes como Jesus. Para responder essa pergunta, os arqueólogos começaram a escavar nos lugares mais imprevisíveis. Logo ao sul de Jerusalém há um lugar assim. Atualmente é um parque, mas a julgar pelas marcas de corte nas paredes de pedra, para os arqueólogos está claro que numa época houve ali uma pedreira. Na época de Jesus, as pedreiras tinham uma dupla função. Não só eram lugares de onde se extraia a pedra para a construção, mas também que os romanos utilizavam para as execuções públicas. Na atualidade, os historiadores acreditam que Jesus pode ter sido executado numa pedreira assim. Mas esses lugares serviam também para outro propósito. Os restos de algumas tumbas escavadas na rocha sugerem que ali não só eram executadas

Que aspecto tinha a tumba?

"No domingo, bem cedo, ao nascer do sol, elas foram ao túmulo. No caminho perguntavam umas às outras: 'Quem vai tirar para nós a pedra que fecha a entrada do túmulo?" Elas diziam isso porque a pedra era muito grande. Mas, quando olharam, viram que ela já havia sido tirada". MARCOS 16:2-4.

O relato de Marcos, como o dos demais evangelistas, destaca o detalhe de que a pedra "já havia sido tirada" do sepulcro, mas, o que isso quer dizer?

Os arqueólogos que trabalham no Oriente Próximo descobriram tumbas da época de Jesus fechadas com pedra que parecem enormes rodas de moinho. Esse fecho era colocado dentro de um sulco, e a tumba podia ser aberta empurrando a pedra por uma inclinação do sulco. O peso da pedra e a inclinação do sulco faziam com que fosse necessário mais de um homem para abrir a tumba. Uma vez aberta, a pedra mantinha-se em seu lugar ao ser introduzida debaixo dela uma cunha. Quando a cunha era retirada, a pedra deslizava para baixo e a tumba voltava a se fechar. Muitas delas estavam escavadas na suave rocha calcária de alcantilados ou cavernas.

Se alguma vez se chegasse a descobrir a tumba de Jesus, essa não teria nenhuma marca que a identificasse; não haveria placa alguma com uma inscrição que resolvesse o mistério. Segundo os relatos evangélicos, o cadáver de Jesus foi colocado apressadamente numa tumba nova escavada a pedido de José de Arimatéia, que não havia sido utilizada por José nem por nenhum membro de sua família.

Tumba da rainha Helena, semelhante à que pode ter sido utilizada para o cadáver de Jesus.

pessoas, mas também enterradas. Foi isso que aconteceu com o cadáver de Jesus? Foi colocado numa simples tumba de pedreira, junto ao lugar onde foi executado?

Talvez não, porque pedreiras desse tipo, na época de Jesus, tinham uma terceira função, que continuam tendo ainda hoje. Os cachorros de rua e as aves carniceiras freqüentam esses lugares, porque num dos cantos é jogado lixo.

Desde o século I, as pedreiras eram utilizadas como lixeiras, mas há dois mil anos eram, como foi dito, lugares de execução. Jesus foi crucificado por soldados romanos, e a crucificação era a forma mais humilhante de execução que praticavam. Enfrentar a ignomínia de morrer na cruz transformava o réu em alguém mais que desprezível: um renegado. Não é lógico que esses soldados tenham se preocupado em tratar com respeito e honra os cadáveres de suas vítimas. Provavelmente, a solução mais eficaz devia consistir em tirá-los da cruz e jogá-los no depósito de lixo, para que os cachorros e os carniceiros os comessem.

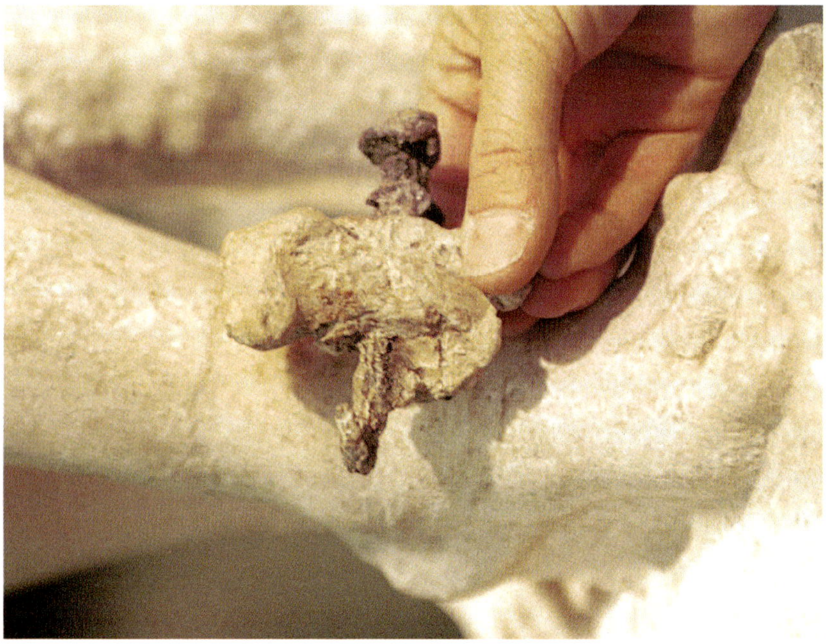

Os restos de um osso do tornozelo com um prego preso são prova de que, durante a ocupação de Israel, os romanos utilizaram o método da crucificação.

Talvez isso explicasse por que em todos aqueles ossários não foi encontrado um só osso de um rebelde crucificado. De acordo com esta teoria, por mais espantosa que possa ser, o cadáver de Jesus jamais foi depositado numa tumba: foi jogado num depósito de lixo para que os cachorros o comessem. Durante a década de 1990, essa teoria gozou de certa aceitação, mas logo apareceram fatos que a contradisseram; fatos que sugerem não só que o cadáver de Jesus não foi jogado no lixo, mas sim que foi depositado numa tumba, tal como descrevem os relatos evangélicos. Os pregos constituem uma dessas provas.

Jerusalém é uma cidade enorme e nela há milhares de tumbas que ainda não foram escavadas. Talvez essa seja uma das razões pela qual até agora só foi descoberta uma vítima da crucificação. As tumbas com mais probabilidades de ter sido conservadas são aquelas que foram bem construídas em lugares protegidos, como as tumbas dos ricos; e os ricos, em qualquer caso, não costumavam ser crucificados. Na verdade, poderiam haver ainda muitas tumbas de crucificados para ser descobertas; mas, até no caso de que todas fossem encontradas, as probabilidades de encontrar outro osso com um prego preso são, no mínimo, remotas.

Porque o fato é que a maioria dos sediciosos não era pregada em cruzes, mas sim, como os romanos costumavam fazer, amarrada a elas. Mesmo assim, os historiadores afirmam que há poucas probabilidades de encontrar pregos. O motivo é muito simples: os pregos de uma crucificação eram considerados, na Antiguidade, como um dos amuletos ou talismãs mais poderosos. A plebe valorizava muito os pregos, porque atribuía a eles propriedades curativas. E, além de sua popularidade como objetos mágicos, os soldados romanos tornavam a utilizá-los para outras crucificações. Por isso, imediatamente depois de tirar os cadáveres da cruz, extraíam os pregos e os guardavam.

Não é, pois, de estranhar que até agora só tenham sido encontrados os restos de uma clara vítima da crucificação; não porque os animais comeram os restos depositados num lixão, mas sim porque não há como os arqueólogos averiguarem se os ossos que descobrem numa tumba pertencem ou não aos de um crucificado. Os sinais evidentes, como pregos presos nos ossos, nunca estão lá.

Então, por que foi encontrado um prego no osso de Jehohannan? Por que os sucateiros não o recolheram, nem os soldados romanos o reutilizaram? Talvez a resposta esteja no próprio prego: a ponta está dobrada. Quando desceram o cadáver da cruz, devem ter descoberto que não podiam tirá-lo. Quando pregaram Jehohannan na cruz, o prego deve ter batido num nó da madeira e se dobrado, encravando-se solidamente no osso. De modo que a descoberta desse osso não implica que o cadáver de Jesus tenha sido jogado aos cachorros. Na verdade, há sólidos motivos para acreditar que Jesus, como todos os judeus, tenha recebido um enterro digno.

Sob a lei mosaica, todos, até o criminoso mais desprezível, deviam ser enterrados decentemente a fim de não profanar a terra. Com esse objetivo, existiam rígidos procedimentos para livrar-se dos cadáveres, que deviam ser enterrados antes do pôr-do-sol do dia em que haviam falecido. Tudo o que se sabe aponta para o fato de que os romanos respeitavam os costumes religiosos locais. A fortaleza de seu império apoiava-se sobre a adaptação e tolerância das crenças indígenas, enquanto não entrassem em conflito com os objetivos e crenças dos romanos. É um fato histórico que Pôncio Pilatos mais de uma vez cedeu às exigências dos judeus.

Deixar à vista de todos o cadáver de um judeu executado durante mais tempo que o intervalo permitido pela lei mosaica, e depois jogá-lo fora dos limites da cidade para que os carniceiros o mutilassem, era incitar a rebelião do povo. Sendo assim, o que poderiam ter feito com o cadáver de Jesus? O normal teria sido dar banho nele, perfumá-lo e enrolá-lo num sudário para que, com o calor, não cheirasse mal quando fosse celebrado o funeral sete dias depois. Esse era um processo trabalhoso que podia levar até 24 horas. Era regido pelos costumes religiosos e por um profundo sentimento de respeito pelo cadáver.

Mas se, como sugerem os relatos evangélicos, Jesus morreu à tarde, naquele dia não houve tempo de preparar o cadáver. As mulheres seriam obrigadas a deixá-lo sem banho na tumba fechada e voltar no dia seguinte para terminar de prepará-lo. No entanto, como Jesus morreu numa sexta-feira, isso não foi possível porque o dia

A Igreja do Santo Sepulcro de Jerusalém, que muitos acreditam ter sido edificada no lugar em que Cristo foi crucificado.

seguinte era *shabat*. A primeira oportunidade que teriam para fazê-lo seria no início da manhã de domingo; precisamente, o momento em que os evangelhos contam que elas o fizeram.

De modo que é perfeitamente plausível que o cadáver de Jesus tenha sido depositado numa tumba após morrer na sexta, e que as mulheres tenham ido à sua tumba no terceiro dia, tal como relatam os evangelhos. Mas os autores evangélicos pretendem muito mais. Sugerem que a tumba estava vazia porque havia acontecido um milagre: Jesus havia se levantado entre os mortos. Como podemos analisar essa afirmação?

Os teólogos fizeram da mesma maneira que se analisa qualquer acontecimento extraordinário ou controverso: submetendo ao escrutínio as motivações e relatos das testemunhas que estiveram presentes e daqueles que transmitiram esses relatos. Todos eles inventaram a história? Em quem devemos acreditar?

A margem do Mar da Galiléia, próxima a Magdala.

Quais eram as leis do shabat?

O *shabat* judeu, do hebraico *shabbat* ou "pausa", era o sábado. Nesse dia, os judeus eram obrigados a descansar, rezar e abster-se de qualquer trabalho. Na época de Jesus, as leis relativas a esse dia eram observadas, como são observadas hoje por todos os judeus praticantes do mundo.

A definição do que era trabalho era minuciosa e rígida. Para as mulheres que desejavam honrar e preparar o cadáver de Jesus para ser enterrado, não havia outra alternativa senão esperar um dia para que acabasse o *shabat*, e fazê-lo no domingo. Talvez seja irônico que o próprio Jesus alienasse as autoridades judaicas ao colocar em questão a estrita observância do *shabat*, quando ele pensava que existia uma necessidade de maior importância para atender, tal como conta Marcos:

"Jesus foi outra vez à sinagoga. Estava ali um homem que tinha uma das mãos aleijada. Estavam também na sinagoga algumas pessoas que queriam acusar Jesus de desobedecer à Lei; por isso ficaram espiando Jesus com atenção para ver se ele ia curar o homem no sábado. Ele disse para o homem: "Venha cá!" E perguntou aos outros: "O que é que a nossa Lei diz sobre o sábado? O que é permitido fazer nesse dia: o bem ou o mal? Salvar alguém da morte ou deixar morrer?" Ninguém respondeu nada. Então Jesus olhou zangado e triste para eles porque não queriam entender. E disse para o homem: "Estenda a mão!" O homem estendeu a mão, e ela sarou."

MARCOS 3:1-5

Capítulo 14

Foi tudo invenção dos cronistas?

Em 22 de novembro de 1963, o presidente John F. Kennedy foi assassinado em Dallas. Os Estados Unidos caiu no mais profundo abismo. À medida que a notícia se estendeu pelo mundo, todos partilharam a comoção. As imagens desse dia ensolarado no sul se transformaram em ícones: o jovem líder sorrindo e cumprimentando com a mão do assento traseiro da limusine conversível; a viúva aflita; o vice-presidente prestando juramento como novo chefe supremo.

No contexto moderno foi um evento de um significado descomunal, apesar de difícil de entender, em parte devido à importância que teve para o povo norte-americano. Mais de quarenta anos depois ainda repercute – assim como muitas perguntas sem respostas. Lee Harvey Oswald agiu sozinho quando matou o presidente? Havia um segundo atirador no que se denominou o "monte gramado"? Os relatos dos testemunhos e as provas, como o filme de 8mm rodado por Zapruder naquela manhã em Dallas, continuam sendo examinados com lupa.

Por que ainda há controvérsia sobre as provas do assassinato de Kennedy? Porque dependendo do que se acredita ter acontecido naquele dia em Dallas ilustra a visão que podemos ter dos Estados Unidos. Se acreditarmos que Kennedy foi vítima de uma conspiração, é provável que acreditemos que os Estados Unidos sejam um país reservado, enigmático e com tendência à opressão, onde o crime organizado e os serviços secretos impõe sua lei. Se acreditarmos que foi assassinado por Oswald, agindo sozinho, então os Estados Unidos talvez sejam ainda um país livre; um assassinato excêntrico perpetrado por um perturbado pode acontecer em qualquer lugar. Existe um jogo notável, e por isso o debate continua.

Se dar sentido aos acontecimentos ícones de nosso tempo parece tão difícil, talvez não deveríamos nos surpreender que a ressurreição de Jesus continue sendo uma fonte de discórdia; um assunto sobre o qual ainda se discute. Naturalmente, o que está em jogo nesse debate é ainda mais considerável. O que acreditamos que tenha acontecido naquela tumba no terceiro dia depois que Jesus foi crucificado, ilustra a visão que temos de Cristo e de toda a história da cristandade.

Na impossibilidade de ter presenciado diretamente os acontecimentos em questão, não há remédio senão confiar em quem o fez. Salvo exceções, a maioria de nós não estava nas redondezas de Dealey Plaza quando a comitiva presidencial passou por ali. E nenhum de nós se afastou de um sepulcro vazio em Jerusalém, quando um desconhecido estranhamente familiar nos chamou pelo nome.

Nessas ocasiões, por não poder recorrer à evidência do que vimos com nossos próprios olhos, somos obrigados a escutar a versão dos que viram e dos cronistas apontados pelas testemunhas. No caso de Kennedy, entre os comentaristas estão jornalistas, repórteres gráficos e investigadores oficiais que recolheram toda a informação que puderam sobre aquele dia de novembro e compuseram um relato com suas conclusões. À medida que o tempo passa, o número de testemunhas diminui.

Os repórteres atuam como intermediários entre a sociedade e as testemunhas. E isso dá margem a algumas perguntas muito

O assassinato de John F. Kennedy. O modo como as pessoas percebem este acontecimento está freqüentemente relacionado com seus pontos de vista sobre o mundo em geral.

pertinentes. Podemos confiar neles? São imparciais? Acreditamos nas testemunhas? Podem estar enganando ou mentindo? No caso da ressurreição temos testemunhas oculares, pessoas como Maria Madalena e Pedro, que afirmam ter visto Jesus vivo, depois de ter sido executado. Acreditamos neles? Poderiam estar equivocados? E então temos os repórteres, os autores dos evangelhos que nos transmitiram os relatos das testemunhas oculares. Podemos confiar neles? São imparciais?

Ao longo de gerações, teólogos e historiadores debateram estas perguntas e suas discussões começaram com os cronistas: Mateus, Marcos, Lucas e João. O que podemos saber sobre seus motivos e seus antecedentes? À primeira vista, a resposta parece ser "muito pouco". Há pouquíssimos dados autobiográficos nos evangelhos. Estão todos dedicados à vida e à obra de Jesus.

Quem eram os quatro evangelistas?

Cada evangelho tem seu enfoque particular. Constituem quatro retratos diferentes que, quando se juntam, forma uma imagem de Jesus.

Mateus escreveu seu evangelho entre os anos 75 d.C. e 85 d.C., provavelmente em Antioquia. O próprio evangelho em questão não está assinado, mas desde os tempos da Igreja primitiva foi atribuído ao apóstolo e ex-arrecadador de impostos, Mateus. Grande parte do material em Mateus é quase idêntico ao de Marcos, e os pesquisadores acreditam que utilizou o Evangelho deste último como fonte. Mateus era judeu e escreveu principalmente para os demais judeus. Utiliza um estilo convencional e literário, e retrata Jesus como o esperado Messias judeu, a encarnação das profecias. Mateus o retrata como um juiz que critica os judeus por ter se desviado da religião. É especialmente duro ao condenar os fariseus, acusando-os de professar uma religião vazia, tingida de hipocrisia. Para Mateus, os milagres de Jesus são criações das escrituras judaicas e, portanto, prova de sua natureza messiânica.

O Evangelho de Marcos foi escrito entre 65 d.C. e 75 d.C. De novo, o texto não identifica claramente o autor, mas há uma sólida tradição anterior de que foi João Marcos, um primo do companheiro de Paulo, Barnabás, que transcreveu a história de Jesus tal como a ouviu da boca de Pedro. O Evangelho de Marcos, que supostamente foi escrito em Roma, tende a descrever e explicar os costumes judaicos, como se quisesse deixar claro os detalhes para um amplo público não judeu. Marcos destaca mais os feitos de Jesus que as palavras. Em especial, se detém nas curas milagrosas, como parte da batalha em que Jesus desafia e vence o mal.

Acredita-se que o autor do Evangelho de Lucas é um médico que acompanhou Paulo em suas viagens missionárias. As descrições detalhadas e precisas das doenças e o modo como Jesus as curou, pareceriam corroborar essa suposição. Lucas escreve como faria um homem culto, utilizando um amplo vocabulário, e está familiarizado com as culturas hebréia e grega.

Contudo, ao estudar as coincidências e as discordâncias entre esses quatro relatos dos mesmos fatos, e ao contrastar o modo como contam episódios diferentes da vida de Jesus, os investigadores foram capazes de comprovar e analisar as provas dadas por esses "repórteres".

Como é natural, analisar os evangelhos é um método discutível, e os problemas já começam com o primeiro milagre: o nascimento de Jesus. De acordo com a tradição cristã, Maria, uma mulher que não havia mantido relações sexuais previamente, deu à luz a Jesus. Um anjo apareceu à Maria nove meses antes para anunciar que seria a mãe de um menino. O nascimento de uma mãe virgem é uma história extraordinária e uma pretensão fora do comum. Seria de se esperar que um acontecimento milagroso sem precedente fosse

Trabalhou com o Evangelho de Marcos, que claramente conhecia bem. Escrito 85 d.C. e 95 d.C., o Evangelho de Lucas é a primeira parte de uma história cristã que continua com os *Feitos*. Seu principal objetivo é estabelecer a verdade do que acontece nos anos do ministério de Jesus. Este evangelho está repleto de compaixão humana, especialmente para com os pobres, os doentes, as mulheres, as crianças e os marginais. Lucas destaca que Jesus realiza seus milagres através do Espírito Santo, e que são sinais da libertação do povo oprimido.

"O discípulo amado" é a forma como João Evangelista descreve a si mesmo, ao falar de sua relação com Jesus. Não menciona o apóstolo João e se refere a João Batista simplesmente como "João", razão pela qual alguns pesquisadores anteriores chegaram à conclusão de que João, o filho do Zebedeu, era irmão de Tiago e um dos doze discípulos. Essa relação sugerida entre João, o Evangelista, e João, o filho do Zebedeu, é contemplada hoje como mais problemática, mas sua força radica no fato único de que seria um testemunho direto, como discípulo. Pertencia ao círculo íntimo de três discípulos próximos que presenciaram a transfiguração de Jesus no alto do monte e a ressurreição da filha de Jairo. João esteve com Jesus no horto de Getsemani, nas horas anteriores à prisão, de modo que teve uma visão próxima dos fatos que descreve. Escrito ou não pelo discípulo João, o Evangelho de João foi o último evangelho a ser escrito, e é datado entre 90 e 110 d.C. Este livro deixa a impressão de que muitos atos de Jesus já são conhecidos pelo leitor. Entre os muitos milagres de Jesus, João seleciona sete "sinais" que demonstram com maior clareza sua identidade como Filho de Deus.

registrado pelos quatro evangelhos, mas, na verdade, somente Mateus e Lucas o fizeram. Não faz parte dos relatos de Marcos e de João. Por que não?

Alguns teólogos consideram que esta é uma incongruência reveladora. Para eles, levanta dúvidas sobre a autenticidade do nascimento da mãe virgem. Se apenas dois dos evangelistas se

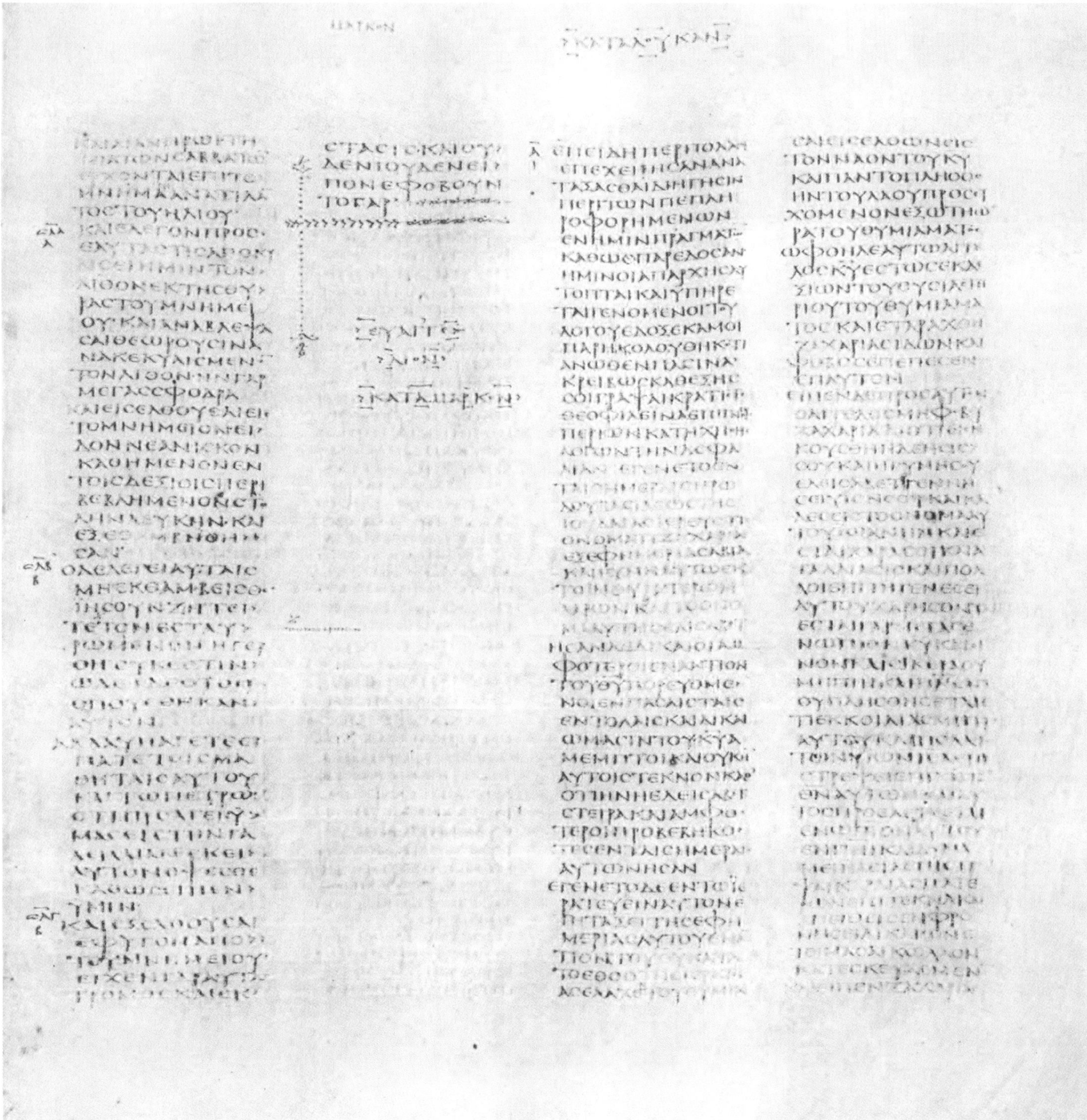

Final do evangelho de Marcos e princípio do de Lucas, do Codex Sinaiticus, da metade do século IV.

referem a uma história dessa magnitude, pode realmente ter acontecido? Teria Jesus nascido realmente de uma mãe virgem? Mateus e Lucas teriam inventado a história, como uma poderosa maneira de iniciar seus relatos da vida de Jesus? Os pesquisadores se dividem sobre este ponto.

Para alguns deles, isso confirma a teoria de que os evangelhos não constituem documentos históricos confiáveis. Outros, no entanto, asseguram que Marcos e João tinham motivos teológicos de peso para não incluir o nascimento da mãe virgem em seus textos. Parece justo examinar as explicações razoáveis que são dadas para explicar o porquê dos evangelhos descreverem as histórias de forma diferente, antes de dar por concluído que um ou outro esteja equivocado.

Se o objetivo dos evangelhos era principalmente difundir a boa nova de Jesus, talvez isso tivesse preferência sobre o trabalho de escrever uma crônica exata. Mas dessa forma ficamos sem base

Jesus nasceu de uma virgem?

O nascimento de mãe virgem é um dos princípios centrais da história cristã, apesar de continuar dividindo os teólogos. Aqueles que se recusar a admitir a realidade histórica do nascimento de mãe virgem o fazem levados pelo ceticismo em relação aos acontecimentos sobrenaturais, se apoiando no fato de que dois dos quatro evangelhos não o mencionam e de que não aparece em nenhuma das epístolas de Paulo. Para alguns teólogos, isso foi um recurso narrativo para começar a história de Jesus com uma intervenção divina espetacular, deixando claro no início que Jesus não foi igual a nenhum outro homem.

De fato, a base para acreditar no nascimento de mãe virgem é seu caráter único. Os pesquisadores ainda debatem se existem precedentes na tradição judaica ou na mitologia pagã. Contudo, pareceria que no judaísmo do século I não existia um precedente claro nem expectativas de um fato assim, portanto não teria nenhum valor simbólico como anúncio do nascimento de um personagem importante. Céticos e fiéis estão igualmente de acordo que o nascimento de Jesus aconteceu em circunstâncias pouco comuns: a mãe era jovem e, no momento de dar à luz, não era casada.

No mínimo, se pode dizer que Jesus foi concebido fora do matrimônio. Alguns teólogos apontaram que teria sido difícil para os evangelistas inventar histórias de uma concepção imaculada enquanto membros da família de Jesus estivessem vivos, como teria sido o caso de seu irmão Tiago. Mas, de fato, poderia ser que a própria família de Jesus tivesse sido a fonte da história de que nasceu de uma mãe virgem.

histórica para acreditar na ressurreição. Contudo, até mesmo o pesquisador mais cético admitiria que os relatos da ressurreição seguem uma norma diferente. Diferente da história do nascimento de uma mãe virgem, todos os quatro evangelistas informam a ressurreição. E, se for observada a coerência, não se pode dizer que esses relatos não são confiáveis. Ainda que isso apresente um problema: os evangelistas não escreveram seus textos ao mesmo tempo.

João escreveu seu evangelho ao redor dos anos 90-110 d.C., sessenta anos depois da morte de Cristo. Mateus e Lucas escreveram seus evangelhos dez anos antes. E Marcos foi o primeiro a escrever seu evangelho, ao redor dos anos 65-75 d.C., trinta anos depois da morte de Cristo. Seria possível que Marcos, o primeiro de todos, tivesse inventado a história da ressurreição e que os demais evangelistas tivessem copiado e melhorado?

Não sabemos muito sobre o autor do Evangelho de Marcos, ainda que ao juntar os indícios em seus escritos, os pesquisadores tenham conseguido fazer uma idéia de quem era. A primeira descoberta foi que "Marcos" não escreveu seu evangelho na Terra Santa, mas em Roma, a capital do império poderoso. Deve ter se sentido extremamente pressionado, a centenas de quilômetros da Galiléia e Jerusalém e escrevendo trinta anos depois da morte de Jesus, para tentar converter o máximo de romanos possível à nova fé cristã. Compunha seu texto em um momento crucial para a Igreja. É fácil imaginar que pudesse ter se sentido tentado a exagerar e a embelezar a história e talvez a inventar algumas coisas.

É possível, naturalmente. Mas para demonstrar isso faltam outras provas. Se Marcos inventou toda a história da ressurreição, uma história que convenceu milhões de pessoas que basearam suas vidas nela, então foi nada menos que um mestre da invenção, o melhor narrador de todos os tempos. Tinha uma imaginação dessa magnitude? O texto que escreveu sugere que não.

A primeira coisa que um narrador experiente faria se quisesse convencer seu público de que uma invenção onde um morto ressuscitou era verdade, seria armar com cuidado sua história sobre relatos meticulosamente construídos, que colocaria na boca de testemunhas oculares que não pudessem ser contestadas. E no século I e em Israel, isso significaria um *homem*, de preferência um membro respeitado e prudente de sua comunidade.

Marcos tinha até mesmo o candidato ideal para isso: José de Arimatéia, o homem que cedeu sua tumba para enterrar Jesus. José era um judeu rico e membro do Sinédrio. Não era possível pedir um testemunho melhor e mais convincente. Esteve perto de Jesus em seus últimos dias e, apesar de não estar ali no dia exato em que ressuscitou, não teria sido difícil maquiar um pouco a história e utilizá-lo como testemunho perfeito.

As mulheres, no entanto, eram consideradas testemunhas pouco confiáveis. Tanto era assim, que sob a lei mosaica não tinham valor legal

Maria Madalena

Esteve junto a Jesus nos últimos anos agitados de sua vida. Viu como o crucificaram. Foi a primeira a vê-lo depois que ressuscitou. Jesus a escolheu para que comunicasse aos outros discípulos que havia ressuscitado.

Ainda que se chamasse Maria, não tinha nada a ver com a mãe virgem. A tradição nos diz que esta Maria era muito diferente. Era uma prostituta a quem Jesus havia perdoado, convertendo seu nome em um símbolo do arrependimento: Maria Madalena.

É possível que em uma terra pobre e ocupada, Maria, em sua juventude, tivesse sido prostituta. Contudo, atualmente os pesquisadores acreditam que Maria de Madalena provavelmente nunca tenha sido uma meretriz, mas simplesmente uma mulher solteira.

No evangelho de Lucas há uma menção de que era uma mulher "da qual haviam saído sete demônios" e assim entrou na história, como uma pessoa a quem Jesus curou de uma possessão demoníaca. Em termos médicos modernos, se considera que sofria de epilepsia ou de uma desordem psiquiátrica.

Os estudos recentes, apoiados em um antigo documento descoberto no deserto do Egito, começou a revalorizar a vida de Maria Madalena e seu papel na Igreja primitiva. Este documento, conhecido como o "Evangelho de Maria", a apresenta como uma discípula valorizada por Jesus; parte de seu círculo íntimo.

Isso lançou dúvidas sobre o modo como tradicionalmente foi apresentada: como uma prostituta arrependida, à margem do movimento cristão. De acordo com os Evangelhos de Mateus, Marcos e Lucas, Maria é quem comunica aos discípulos a notícia de que Jesus havia ressuscitado. Mas, à parte de sua função crucial no final das escrituras. Maria Madalena tem um papel muito limitado nas narrações sobre Jesus.

Se não foi uma prostituta nem uma marginal, por que não foi uma figura destacada da Igreja primitiva? Por que seu nome não está junto ao de Pedro ou de Paulo? No Evangelho de Maria aparece não somente como companheira e discípula de Jesus, mas como mestra e guia espiritual de outros discípulos.

No ano 1969, o Vaticano eliminou o rótulo de "penitente" da denominação de Maria no santoral, convertendo-a em uma santa "normal". Continua o debate acadêmico sobre essa mulher extraordinária, que bem pôde ter sido uma das fundadoras da fé cristã.

como depoentes. Um narrador experiente não teria recorrido a uma delas para sustentar sua história. E, no entanto, isso é precisamente o que Marcos faz. As principais testemunhas da ressurreição são mulheres. São elas que visitam a tumba de Jesus no terceiro dia depois de sua morte e dão a notícia de que ressuscitou. São elas que encontram o sepulcro vazio e são as primeiras em vê-lo ressuscitado.

Mas Marcos não foi o único a utilizar as mulheres como testemunhas. Lucas, no capítulo 8, recorre a Maria Madalena. De acordo com ele, uma mulher que foi possuída por demônios.

Encontramo-nos novamente com o mesmo problema: ninguém que estivesse escrevendo uma história que achasse falsa e que quisesse convencer um público do século I recorreria a uma autoridade tão questionável para isso.

Contudo, se Marcos não estava escrevendo um relato fictício, há que utilizar outras regras. Se um repórter é consciente, não pode inventar testemunhos. Os jornalistas que cobriram o assassinato de Kennedy teriam desejado localizar uma testemunha-chave que tivesse visto Oswald com uma arma de cujo cano ainda saísse fumaça, mas tiveram que se conformar com descrições fragmentadas dos que estavam ali naquela manhã.

A maioria dos teólogos deduz que Marcos recorreu aos testemunhos da ressurreição menos adequados, porque estes eram os que estavam presentes. Não se pode pensar que isso seja obra de um escritor que recorre à ficção para convencer seu público. De fato, isso sugere que Marcos pertencia a uma classe diferente do escritor. Não era alguém que se sentia com o direito de inventar coisas, mas que escrevia com as lembranças e com os testemunhos *que haviam contado*; registrando uma informação que não podia alterar. Em outras palavras, o Evangelho de Marcos apresenta a marca de alguém que repete *verdadeiramente* o que ouviu: uma história extraordinária de um homem que voltou dos mortos.

Se Marcos utilizava fontes anteriores, de onde provinham? Não podiam vir de Mateus, Lucas ou João, que escreveram seus evangelhos depois dele.

As crônicas antigas dizem que Marcos obteve seus dados de alguém que conheceu Jesus de perto, alguém que afirmava ter se encontrado com Jesus ressuscitado poucos dias depois de sua tumba ser encontrada vazia: o discípulo Pedro.

Mas podemos acreditar na afirmação de Pedro e dos discípulos que viram Jesus depois de ter ressuscitado? Até mesmo admitindo que não tivessem mentido, poderiam ter sofrido uma alucinação? Foram os únicos testemunhos, e os testemunhos constituem a espinha dorsal de qualquer investigação. Sem eles, os repórteres não podem escrever uma só palavra. Para averiguar a verdade, há que interrogar os testemunhos.

Capítulo 15

Todos os testemunhos foram inventados?

Se Marcos baseou sua narração da ressurreição no testemunho do discípulo Pedro, e seu evangelho foi o primeiro a ser escrito, isso transforma Pedro em uma testemunha crucial.

Pedro foi o missionário mais importante da Igreja primitiva. Viajou extensamente por todo o império, antes de chegar a Roma. Ninguém era mais bem qualificado que ele para ser missionário de Jesus. Foi um dos doze discípulos, provavelmente a mão direita de Jesus. Pedro foi um dos primeiros seguidores, a quem Maria Madalena e Maria, a mãe de Tiago, contou que haviam encontrado a tumba vazia. Sua proximidade com os acontecimentos da última semana de Jesus e seu posterior trabalho missionário o converteu em uma fonte muito plausível para a afirmação que Marcos fez sobre Jesus ter voltado dos mortos.Que tipo de pessoa era Pedro? Podemos confiar nele?

Pedro era um homem de convicções fortes, alguém que acreditava de todo coração que Jesus era o Messias. De outro modo, por que teria dedicado sua vida à tarefa perigosa de propagar a mensagem desse novo movimento? Mas se suas expectativas sobre o Messias eram semelhantes às que encontramos nos Pergaminhos do Mar Morto, nos encontramos aqui com algo misterioso. Seria de esperar que a visão de Jesus morrendo na cruz, alterasse radicalmente suas crenças.

É certo, naturalmente, que é difícil uma pessoa convencida mudar de idéia, mas quando lhe apresentam provas irrefutáveis de que se equivocaram até mesmo os mais obstinados abandonam as convicções. E, em vez disso, não foi o que ocorreu com a morte do Messias. Após essa derrota vergonhosa, Pedro se convenceu mais ainda que Jesus era Deus, e que estava vivo de novo. Em que se baseou sua convicção? Uma das razões possíveis é a que aparece nos evangelhos: que Jesus realmente voltou dos mortos. Mas existe outra teoria.

No início da década de 1950, um grupo de cientistas americanos anunciou que podia demonstrar o porquê de algumas pessoas se recusarem a abandonar suas convicções e crenças, ainda que houvesse muitas provas que demonstrassem que são falsas.

Tudo começou em Minnesota, lugar que se transformou no centro de um interessante experimento antropológico realizado por sociólogos da universidade daquele estado. Ainda que não fossem teólogos, seu trabalho teria um impacto significativo sobre nosso modo de ver aqueles dias cruciais depois da crucificação. Os momentos mais baixos do movimento cristão.

Uma dona de casa em Minnesota, chamada Marion Keech, professava uma crença extraordinária. Estava fascinada por alienígenas e por discos voadores. Na verdade, estava mais que fascinada. Em 1954, começou a receber mensagens que ela considerava boletins do espaço exterior. Começou a anotá-los cuidadosamente, acreditando que eram importantes, e, antes que passasse muito tempo, convenceu outras pessoas a formar um grupo. Este grupo acreditava que as mensagens extraterrestres eram apenas uma espécie de preâmbulo. A senhora Keech, anunciaram, estava a ponto de receber uma mensagem de importância vital para todo o mundo.

Marion Keech (Dorothy Martin, o nome verdadeiro), que afirmava receber informes do espaço.

Efetivamente, em um dia quente de agosto em 1954 começou a anotar a seguinte mensagem: "Em meio disso, há que se lembrar que uma onda gigantesca se aproxima das Montanhas Rochosas. Da zona do Mississipi, da região do Canadá, dos Grandes Lagos". A mensagem advertia claramente que uma inundação massiva cobriria o continente americano em 21 de dezembro. Em princípio, a senhora Keech ordenou a seu grupo que a informação fosse mantida em segredo. Só assim, e se mantivessem sua fé na Mrs. Keech e em suas mensagens, se salvariam. A salvação viria na forma de um disco voador.

Ao chegar setembro, as expectativas do grupo estavam aumentando. A senhora Keech não pôde manter em segredo suas revelações extraordinárias e comunicou à imprensa local as mensagens, em especial a relativa à próxima inundação. O jornal local publicou a história com esta manchete: "Profecia de um planeta. Aviso à cidade. É preciso fugir da onda. Cidadã recebe aviso do espaço de que seremos inundados no dia 21 de dezembro".

Nesse momento, o grupo até então secreto, chamou a atenção dos sociólogos da Universidade de Minnesota. O paralelismo com a história da ressurreição de Jesus logo chamou a atenção dos pesquisadores. Eles se depararam com um líder que, como Jesus dois mil anos antes, pedia a seus seguidores que acreditasse em suas promessas. Para os sociólogos, essa era uma oportunidade única para observar o que aconteceria quando as esperanças dos componentes desse culto fossem frustradas, como inevitavelmente iria acontecer. Abandonariam suas convicções imediatamente, desiludidos pelas provas contrárias? Se mantivessem sua fé apesar disso, poderia ser esclarecida a razão que estimulava os discípulos a se negar a abandonar suas crenças. Talvez alguns grupos pudessem basear seu futuro sobre uma mentira. Talvez pudessem se convencer de que fosse verdade.

A fim de investigar, dois dos membros do professorado decidiram se infiltrar no culto fazendo-se passar por novos convertidos. Uma vez admitidos, participaram de todas as reuniões e presenciaram todas as

Pedro e a Igreja

Pedro é considerado o discípulo mais importante, a rocha sobre a qual Jesus fundou sua Igreja e o seguidor que negou todo conhecimento sobre ele, a fim de se proteger quando as autoridades lhe interrogaram depois de prender Jesus.

De acordo com as escrituras, seu nome original era Simão, mas Jesus lhe deu o nome de Pedro (do grego e latim *petra*, que significa "pedra") porque viu nele um pedestal sólido sobre o qual edificaria a futura igreja. Quando Jesus lhe chamou para que se convertesse em seu discípulo, Pedro era um pescador na Galiléia. Após a morte e a ressurreição de Jesus, Pedro se transformou em um dos líderes do movimento cristão incipiente em Jerusalém.

A igreja de Jerusalém, dirigida por Tiago, o irmão de Jesus, dirigiu seus esforços evangelizadores para os judeus da cidade, e pregou que os costumes judeus como a circuncisão e a observância da lei deviam ser mantido após a conversão para o cristianismo. Quando o apóstolo Paulo começou sua própria missão diante do gentio e disse que isso não era necessário, Pedro foi delegado para tentar reconciliar as duas posições.

Sabe-se pouco sobre a missão posterior de Pedro, apesar de continuar sendo uma figura importante do movimento quando este se estendeu para todo o império romano. Foi martirizado em Roma, mas não existem provas de que tivesse sido nomeado bispo da igreja daquela cidade.

Um OVNI sobrevoando o Novo México em 1957. Não existem explicações plausíveis para algo assim.

novidades. Uniram-se aos demais na contagem dos dias que faltavam para o evento cataclísmico. De acordo com as mensagens extraterrestres que a senhora Keech recebia, um disco voador resgataria o grupo cinco dias antes da maré colossal. Tinham apenas que se reunir no jardim da casa da senhora Keech no dia 17 de dezembro.

Diante da decepção do grupo, apesar de não dos pesquisadores, chegou o dia anunciado e não apareceu nenhuma nave espacial. Decepcionados, mas não abatidos, o grupo se animou e passou a esperar a inundação que iria acontecer no dia 21 de dezembro. Esperavam que o grupo fosse resgatado antes disso.

Na noite anterior à inundação anunciada, no dia 20 de dezembro, o grupo se reuniu no salão da casa da senhora Keech.

Ela havia recebido uma nova mensagem anunciando que seriam resgatados à meia-noite. Enquanto os ponteiros do relógio se aproximavam da hora prevista, o telefone tocou. Era um jornalista local que queria saber se já haviam sido resgatados. A senhora Keech respondeu calmamente e com educação. Ainda não sabiam de nada, disse.

Quando chegou a hora anunciada para o Apocalipse sem que acontecesse nada, a história do grupo de Mrs. Keech deixou de interessar aos meios de comunicação. De uma macabra história de "e se tivessem razão?", passou a se transformar em um incidente inofensivo protagonizado por um grupo de seduzidos por falsas promessas. O momento profetizado não havia acontecido. O mundo não havia acabado. O país não havia sido sepultado sob as águas. Marion Keech e seus seguidores não haviam sido resgatados por um disco voador. Esse era o momento que os sociólogos estavam aguardando. Como o grupo reagiria diante da destruição de seus vaticínios e crenças? Com toda certeza, agora era de se esperar que abandonassem a história dos extraterrestres e que desaparecessem.

Várias horas depois da hora indicada, o grupo continuava reunido na casa de Marion Keech. O ambiente era melancólico e reflexivo. Tentavam compreender o que havia acontecido, ou melhor, o que não havia acontecido. À medida que as horas passavam, alguns desmoronaram e começaram a chorar. Quase todos perderam a compostura. Todos mostraram sinais de estar visivelmente alterados. O grupo parecia estar à beira do colapso.

Então, de repente, Marion Keech chamou todos para o salão, dizendo que acabava de receber uma nova mensagem: "Desde o início dos tempos não existiu uma força do bem e nem uma luz como a que agora inunda este local, e a força que representa cobre agora toda a terra. Poderosa é a palavra de Deus, e por ela se salvaram".

Essa mensagem era exatamente o que o grupo desiludido desejava ouvir. Todo esse tempo, não haviam sido enganados. O motivo de não ter havido uma inundação era eles estarem ali. Aqueles poucos fiéis em Minnesota haviam espalhado tanta luz ao redor do mundo, que Deus havia anulado o cataclisma. A vitória havia sido arrebatada da beira do fracasso. A notícia tinha de se tornar pública como uma mensagem de natal dirigida para todos os povos da terra.

Os sociólogos que se faziam passar por seguidores da senhora Keech ficaram atônitos. Em vez de abandonar suas crenças sob o peso da evidência, esse grupo desalentado e desiludido simplesmente ajustou suas convicções para se adaptarem às circunstâncias. Na prática, a última mensagem para a senhora Keech lhes proporcionou uma nova crença. Começaram a difundir imediatamente a boa nova para os jornais, rádios e televisões, esperando ganhar novos adeptos à causa. E, enquanto isso, senhora Keech continuou recebendo mensagens dos extraterrestres. Ao se apoiar e se reconfortar mutuamente no momento fatídico em que tudo desmoronou para eles, Marion Keech e seu grupo estavam agora imbuídos por um novo ardor e otimismo. Os sociólogos estavam exultantes e é compreensível que estivessem. O paralelismo com a história dos discípulos de Jesus era inevitável.

Quando esse grupo de judeus rebeldes viu seu líder carismático pregado na cruz para morrer, devem ter se sentido desmoralizados e angustiados. Aquele era o homem que acreditavam que salvaria Israel. Mas, assim como Marion Keech e seus seguidores, não abandonaram a fé. Em vez disso, difundiram uma nova crença extraordinária: Jesus havia regressado dos mortos e eles o haviam visto.

Como com Marion Keech, uma crença extraordinária substituiu outra. Nos dois casos, uma nova convicção representou a saída para uma decepção destruidora. E, significativamente, nos dois casos os seguidores difundiram a boa nova ao mundo. Foi uma convicção que lhe deu uma nova força e um novo sentido de propósito.

Os paralelismos entre as experiências desse grupo de culto aos OVNIs de Minnesota e as dos discípulos de Jesus se converteu em um tema de texto. Para muitos, à primeira vista, a comparação parece esclarecer o motivo pelo qual os discípulos acreditaram na ressurreição de Jesus. Talvez eles, e os seguidores de Marion Keech, precisavam tão desesperadamente de uma resposta que tenham criado uma. Se essa criação era consciente ou inconsciente parece pertencer mais ao estado psicológico desse grupo em particular, que a qualquer acontecimento histórico objetivo.

Mas há uma reviravolta na história de Marion Keech e seu grupo. Apesar dos paralelismos aparentes, sua história e a dos discípulos de Jesus diferem em um aspecto crucial. O grupo de adoradores de OVNIs se manteve unido apenas alguns meses.

Após seu entusiasmo inicial, os participantes do culto se separaram e perderam contato entre eles, até que o grupo desapareceu completamente como coletividade.

A perseguição dos primeiros cristãos

O imperador Commodus representado como Hércules. Os cristãos primitivos se recusaram a adorar os imperadores.

Desde o início, Jesus deixou claro que não seria fácil segui-lo. No evangelho de Mateus adverte seus seguidores que não "vim trazer a paz, mas a espada". Além dos conflitos evidentes implícitos em se unir a um culto radical colocado sobre uma relação estabelecida na antiguidade, ao seguir Jesus, os discípulos corriam o risco de perder a família, a casa, o modo de vida e o *status* social.

Nas cartas de Paulo, um homem que havia sido perseguido da igreja, dá voz a essa mesma igreja perseguida. Em sua vida anterior como Saulo, havia colaborado com as autoridades judaicas para erradicar os movimentos sediciosos e heréticos, incluindo o cristianismo primitivo. Para Paulo, o ponto da virada foi seu encontro com Cristo ressuscitado no caminho de Damasco, para onde se dirigia para perseguir o recém-criado grupo de cristãos daquela cidade.

A atitude de Roma diante das religiões rivais dentro do império era geralmente bastante tolerante. O paganismo romano permitia que se adorasse um grupo de deuses, uns junto aos outros, assim como uma série de divindades locais e regionais adotadas à medida que o império se estendia. Mas, para manter essa tolerância religiosa, se impunha certas regras aos cidadãos do império. Independentemente do conjunto de deuses que se adorassem em um lugar, o imperador romano devia estar entre eles e, quando havia algum conflito, o imperador tinha preferência.

A recusa dos cristãos primitivos em adorar o imperador, algo que consideravam idolatria, junto com sua insistência em que o Deus cristão era o Deus único e universal, fez com que os romanos decidissem que os cristãos fossem considerados fora-da-lei.

O movimento cristão foi muito diferente. Seus membros não se mantiveram unidos somente alguns meses. Continuaram juntos durante anos, em Jerusalém e na Galiléia, apesar da perseguição sangrenta. Depois Pedro e os outros discípulos começaram a viajar pelo império romano, convertendo as pessoas para a nova fé.

Diferente da seita de OVNIs de Minnesota, os cristãos primitivos estavam dispostos a entregar suas vidas em benefício de sua fé. Um grande número de seguidores de Jesus foi martirizado por causa dela. O próprio Pedro, que nos últimos dias de Jesus havia negado conhecê-lo, por medo de ser castigado pelas autoridades, arriscou tudo para difundir a mensagem cristã e foi finalmente crucificado de cabeça para baixo em Roma.

A certeza que Pedro tinha de que Jesus voltou dos mortos teve um impacto profundo sobre sua vida e deixou dessa forma um legado permanente. Trinta anos depois de sua morte, o movimento estava se estendendo rapidamente por todo o império romano. E dois mil anos depois é a religião com mais seguidores do mundo. Os paralelismos com o grupo de Marion Keech agora aparecem mais tênues. A certeza de que o culto minúsculo havia salvado o mundo durou alguns meses e não deixou nenhum legado exceto um estudo sociológico sobre o caso. Algo muito mais real e poderoso deve ter convencido Pedro de que o sepulcro de Jesus foi encontrado vazio no terceiro dia depois de sua morte.

Para conseguir o que os cristãos primitivos conseguiram e fazer tais sacrifícios, não basta acreditar que o mestre pôde voltar à vida. Evidentemente, isso em si seria extraordinário, mas para colocar em jogo a própria vida, alguém teria que ter um sentido claro das implicações da ressurreição. A única forma de entender a história cristã consiste em analisar seu sentido, o maior dos milagres, para aqueles que o presenciaram e acreditaram nele.

Capítulo 16

Jesus sabia que ia ressuscitar?

Costuma-se acreditar que os discípulos ficaram realmente atônitos diante do sepulcro deserto e das aparições de Jesus. Mas, de fato, em certo número de milagres Jesus deu pistas que provavelmente foram captadas pelos discípulos.

Poucos dias antes de entrar em Jerusalém pela última vez, Jesus foi a uma aldeia chamada Betânia. Haviam lhe comunicado que um amigo estava morto. No relato de João, o que Jesus fez ali foi algo lindo e poderosamente simbólico.

"Quando Jesus chegou, soube que Lázaro já estava há quatro dias no sepulcro. Betânia ficava perto de Jerusalém, a aproximadamente de três quilômetros de distância, e muitos judeus haviam ido à casa de Marta e de Maria para consolá-las pelo irmão.

Quando Marta soube que Jesus havia vindo, saiu correndo ao seu encontro, enquanto Maria permanecia em casa. Marta disse a Jesus: "Senhor, se estivesses estado aqui, meu irmão não estaria morto. Mas ainda agora eu sei que quando pedir a Deus, Deus nos concederá". Jesus lhe disse: "Teu irmão ressuscitará". Marta respondeu: "Já sei que ressuscitará na ressurreição, no último dia". Jesus respondeu: "Eu sou a ressurreição. Aquele que acredita em mim, ainda que morto, viverá; e todo aquele que viver e acreditar em mim, não morrerá jamais. Acreditas nisso?".

Betânia, cenário de um dos milagres mais poderosos de Jesus

Ela disse: "Sim, Senhor, eu acredito que tu és o Cristo, o filho de Deus, aquele que viria ao mundo". Dito isto, foi chamar sua irmã Maria e lhe disse ao ouvido: "O mestre está aqui e te chama". Ela, assim que o ouviu, se levantou rapidamente, e foi encontrá-lo. Jesus ainda não havia chegado ao povoado; mas continuava no lugar onde Marta o havia encontrado. Os judeus, que estavam com Maria em casa consolando-a, ao ver que se levantava rapidamente e saía, a seguiram pensando que ia ao sepulcro chorar.

Quando Maria chegou onde Jesus estava, ao vê-lo, caiu a seus pés e lhe disse: "Senhor, se estivesses estado aqui, meu irmão não estaria morto". Ao vê-la chorar acompanhada no seu pranto pelas pessoas da terra, Jesus comoveu-se e sentiu forte emoção: "Onde está ele sepultado?", perguntou-lhes. "Vem ver", disseram-lhe. E Jesus chorou. "Vejam como ele era amigo de Lázaro", comentaram as pessoas. Mas outros disseram: "Se pôde curar cegos, por que não evitou a morte de Lázaro?"

Jesus comoveu-se muito outra vez. Entretanto, chegaram ao sepulcro. Era uma gruta com uma pesada pedra a tampando a entrada. "Retirem a pedra", ordenou Jesus. Mas Marta, irmã de Lázaro, observou: "Já deve cheirar muito mal, porque há quatro dias que morreu". Jesus respondeu: "Não te disse que, se creres, verás a glória de Deus?" E retiraram a pedra.

Jesus ergueu o olhar para o céu e disse:"Pai, graças te dou por me ouvires. Tu ouves-me sempre, mas digo isto por causa de toda a gente que aqui está, para que creiam que me enviaste". Então Jesus mandou, em voz muito forte: "Lázaro, sai!" Lázaro surgiu, ainda todo envolvido em panos e o rosto tapado com uma toalha. Jesus ordenou-lhes: "Desliguem-no e deixem-no ir!".

JOÃO 11:17-44

Para os judeus do século I, devolver a vida a um morto não era um fato sem precedentes. De acordo com as escrituras judaicas, Elias havia pedido a Deus que devolvesse a vida ao filho da viúva. O que era diferente em Betânia era o modo da ressurreição.

Os profetas como Elias tinham de suplicar a Deus para devolver a vida a alguém. Isso era assim, porque nas crenças judaicas só Deus podia devolver a vida a um morto. Mas quando *Jesus* devolveu a vida a alguém, foi algo muito diferente. "Lázaro, sai!". Com essa ordem trouxe o homem dos mortos, e a ordem foi dada diretamente ao morto. O milagre aconteceu pela força das palavras de Jesus.

A mensagem simbólica é clara. Jesus mesmo tem poder sobre a vida e a morte. Isso o torna maior que um profeta ou um milagreiro. Jesus age como Deus.

E isso parece ainda mais claro quando Jesus morre, porque há diferenças significativas entre a ressurreição de Lázaro e a sua própria. Lázaro emerge da tumba envolvido em panos, mostrando que havia levantado pelo poder de outro. Jesus tem que ordenar às irmãs do ressuscitado que retirem sua mortalha. Quando Jesus se levanta dos mortos, deixa atrás sua mortalha, porque se levantou pelo *próprio* poder.

Nos tempos primitivos da Igreja, os discípulos deviam contemplar a vida de Jesus, e especialmente os milagres como a ressurreição de Lázaro, à luz de sua morte e sua ressurreição.

Se Jesus *era* Deus, por que não *voltaria* dos mortos? Visto em retrospectiva, devia parecer quase inevitável.

Parece provável que houve vários fatores que levaram os discípulos a se convencer que Jesus realmente havia ressuscitado. Não foi só o sepulcro vazio. Nem mesmo as aparições de Jesus depois de sua

"Ressurreição", dos *Sonetos sacros* de John Donne

Umedecida por uma gota de vosso sangue, minha alma se resseca
Será (ainda que agora seja extremada
E excessivamente seca, como a pedra; e, no entanto, demasiado carnal)
Liberada por essa gota, e cessará de ser dura, nauseabunda e famélica,
E a vida, por essa morte habilitada, controlará a
Morte, de quem a morte imolou;
O medo da primeira ou da última morte, não me afligirá
Se em vosso pequeno livro escrevestes meu nome,
A carne, nesse sonho prolongado, não se putrifica,
Mas sim se converte naquilo de que era feita e pelo que foi feita;
Sem que possa de outro modo se glorificar.
Que o sonho do pecado e da morte me deixem logo de lado,
Que despertado pelos dois, erguido de novo, possa
Saudar o último e o eterno dia.

morte. Foi uma combinação de acontecimentos extraordinários, incluindo milagres como a ressurreição de Lázaro, que somente Deus pôde ter feito acontecer.

E houve outro fator, talvez o mais importante de todos. Apesar de ter devolvido a vida a Lázaro, este morreu novamente na hora devida.

A sua não foi uma ressurreição, mas um renascimento. Os discípulos acreditaram que Jesus ressuscitou para uma vida eterna e para um modo completamente diferente da existência.

A ressurreição nas escrituras

O capítulo 28 do Evangelho de Mateus, o 16 do de Marcos, o 24 do de Lucas e os 20 e 21 do de João, relatam a ressurreição de Jesus.

Os quatro evangelhos insistem que foi um acontecimento real, que constituiu um ponto decisivo na história da humanidade, mas se diferenciam em muitos detalhes. Quando as mulheres entram na tumba e descobrem que o cadáver de Jesus não está lá, Marcos descreve "um jovem sentado no lado direito e vestido com uma túnica branca". As mulheres se assustam ao vê-lo, mas esse personagem lhes diz: *"Não vos atemorizeis; buscais a Jesus, o nazareno, que foi crucificado; ele ressurgiu; não está aqui; eis o lugar onde o puseram. Mas ide, dizei a seus discípulos, e a Pedro, que ele vai adiante de vós para a Galiléia; ali o vereis, como ele vos disse".* (MARCOS 16:5-7)

Contudo, no relato de Mateus, o jovem com a túnica branca é um anjo, e no de Lucas aparecem dois anjos.

O Evangelho de Marcos termina no capítulo 16, versículo 8; antes que aconteçam as aparições do Cristo ressuscitado que se encontram nos outros relatos. Em Mateus, há uma digressão muito elaborada que conta os encontros dos discípulos com o Cristo ressuscitado. Nela se mencionam os guardas romanos que, por ordem de Pilatos, ficaram no local protegendo a tumba a fim de impedir que os seguidores de Jesus roubassem o cadáver. Quando um anjo do Senhor desceu do céu e afastou a pedra que selava a tumba, esses guardas ficaram tremendo. Correram para a cidade para advertir o que havia acontecido. De acordo com o relato de Mateus, lhes deram uma importante quantia de dinheiro para que dissessem que, enquanto dormiam, os discípulos de Jesus vieram e levaram o corpo. Marcos, Lucas e João não mencionam nada disso.

O encontro famoso de dois dos discípulos de Jesus com um desconhecido no caminho de Emaus, talvez a mais conhecida das aparições depois da ressurreição, é emocionante e poético. Os três personagens, enquanto caminham, discutem a morte recente de seu grande mestre, sem se dar conta de que o terceiro é Jesus ressuscitado. Mas essa história aparece só no Evangelho de Lucas.

Somente João narra a história em que Tomé duvida e diz que não iria acreditar que se encontrou com Jesus ressuscitado até que não tivesse tocado as feridas, vendo-as com os próprios olhos.

Após a ressurreição, Mateus e Marcos relatam que Jesus apareceu em sua terra natal de Galiléia, mas Lucas o coloca em Jerusalém. João inclui aparições tanto na Galiléia quanto em Jerusalém.

Localização dos principais milagres

Maria dá à luz a Jesus sendo virgem
Mateus 1:18-25
Lucas 1:26-38

Batismo de Jesus no Rio Jordão pelas mãos de João Batista
Mateus 3:13-17
Marcos 1:9-11
Lucas 3:21-22

Multiplicação dos pães e dos peixes para dar de comer a cinco mil pessoas
Mateus 14:13-21
Marcos 1:9-11
Lucas 3:21-22
João 6:1-15

Ressurreição de Lázaro
João 11:1-44

Jesus anda sobre o Mar da Galiléia
Mateus 14:22-33
Marcos 6:45-52
João 6:19-21

Jesus apazigua a tempestade
Mateus 8:23-27
Marcos 4:35-41
Lucas 8:22-25

Jesus expulsa os demônios do homem de Gerasa
Marcos 5:1-15
Lucas 8:26-33

Transformação da água em vinho nas bodas de Canaã
João 2:1-11

Cura da filha da mulher sírio-fenícia
Mateus 15:21-28
Marcos 7:24-30

Ressurreição do filho da viúva de Nain
Lucas 7:11-17

Transfiguração de Jesus
Mateus 17:1-8
Marcos 9:2-8
Lucas 9:28-36

Cura do homem paralítico em Cafarnaum
Mateus 9:2-8
Marcos 2:1-12
Lucas 5:17-26

Cura do cego em Betsaida
Marcos 8:22-26

A ressurreição de Jesus
Mateus 28
Marcos 16
Lucas 24
João 20-21

A vida eterna tem sido uma ilusão desde o princípio dos tempos. Até mesmo hoje, a imprensa divulga notícias sobre descobertas científicas que prevêem uma vida sem fim, ou uma juventude eterna, para todos.

Se uma parte da mensagem dos milagres de Jesus era que ele era o próprio Deus, então tudo estava a seu alcance. Isso talvez contribua para explicar o porquê discípulos terem como verdadeiro que qualquer um que acreditasse nele podia ressuscitar. E essa convicção, mais que qualquer outra, foi a que levou os primeiros cristãos a percorrer o império romano e o mundo além desses limites, difundindo a história de um galileu que realizava milagres.

A Igreja cristã hoje

Nos alvores do século XXI, o cristianismo é a religião mais difundida no mundo, com cerca de 2 bilhões de fiéis.

O cristianismo se estendeu por todos os lugares do mundo, adotando muitas formas nesse processo. A Igreja católica romana é a instituição mais antiga do mundo Ocidental e a maior denominação cristã. Seu centro está em Roma, sede do papado e da comunidade teológica que compõe o Vaticano. Os católicos romanos acreditam que o papa é o sucessor de Pedro, o discípulo de Jesus, suposto primeiro bispo de Roma.

A Igreja ortodoxa oriental se estende pela Europa central e oriental, e pela antiga União Soviética. Esse grupo de cristãos autônomos acredita que segue uma linha pura e contínua que começou com os apóstolos e discípulos de Jesus.

A Igreja anglicana é uma comunidade internacional, centrada na Inglaterra e liderada pelo arcebispo de Canterbury.

As múltiplas denominações protestantes incluem os batistas, quinta igreja cristã do mundo, os metodistas, os quacres e os pentecostalistas.